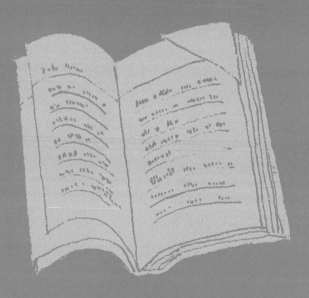

怎样读书

胡适等 著

生活·讀書·新知 三联书店

Copyright © 2023 by SDX Joint Publishing Company.
All Rights Reserved.
本作品版权由生活·读书·新知三联书店所有。
未经许可，不得翻印。

图书在版编目（CIP）数据

怎样读书/胡适等著. —北京：生活·读书·新知三联书店，2023.7（2024.6重印）
(三联精选)
ISBN 978-7-108-07611-3

Ⅰ.①怎… Ⅱ.①胡… Ⅲ.①读书方法 Ⅳ.① G792

中国国家版本馆 CIP 数据核字 (2023) 第 052866 号

责任编辑	卫　纯
装帧设计	鲁明静
责任印制	董　欢
出版发行	生活·讀書·新知 三联书店
	(北京市东城区美术馆东街 22 号 100010)
网　　址	www.sdxjpc.com
经　　销	新华书店
印　　刷	河北松源印刷有限公司
版　　次	2023 年 7 月北京第 1 版
	2024 年 6 月北京第 3 次印刷
开　　本	850 毫米 × 1092 毫米　1/32　印张 5.5
字　　数	85 千字
印　　数	08,001－13,000 册
定　　价	32.00 元

(印装查询：01064002715；邮购查询：01084010542)

写在前面

当"读书"一事与较多人、较多事有所关联时，人们对于"读书法"的介绍与追慕大概就不会冷淡。中国此类书籍，自古屡见不鲜。如果说出于"修身齐家"的目的，它们多与修行立身有关的话，那么朱熹《朱子语类》中的《总论为学之方》和《读书法》，则以朱子现身说法、对治学门径多有提示，而显得更为读书人受用。这一思路延续到民国，则表现为各种介绍读书方法的文章、图书蔚然大观。刊物中最著名的当数1925年《京报副刊》上"青年必读书"的讨论，因鲁迅在其中的独特表态，而成为20年代最著名的文化事件之一；而当年对市场极为敏感之如商务印书馆者，更是先后出版过将近二十种"读书法"的书籍。"读书法"之书的兴起，恐怕和民国后社会转型有关：西学的进入、现代学堂的兴起、学术方式的变化，都是影响此事的直接动因。另外，30年代国民政府有意识引导的文化建设，无形中也给读书之风添柴加火。

本书就是这样一本近乎"应运而生"的小书。编者郭文彬开宗明义地介绍:"这几月以来,读书识字的空气,弥漫全国。有党政机关主持的识字运动,也有文化团体主办的读书竞赛。前者企图用政治的力量,扫除民间的文盲;后者则希望借奖励的办法,鼓舞读书的风气:这不消说都是很好的现象。"但在外部力量主导下,读书的"价值"易让人懂,读书的"方法"却难人人能求:"同样一本书,懂得方法的人读了,可以获得智识,应付环境;反之,不懂方法的人读了,却一无所得,反博得'书呆子'的绰号。"所以"把国内闻名的学者教授们"的"读书经验汇集起来","供读书青年的参考","当然是目前读书界所急切需要的一件事"。

本书就聚集了胡适、蔡元培、王云五、林语堂、丰子恺、朱光潜、马寅初等当时就令人瞩目、现在更令人追怀的学者、文化人士。在读书方法的问题上,他们中有人提倡要有系统,有人却认为兴致更加重要;有人会在眼、口、心、手等部位的运用上逐一叮嘱,有人则将自己多年来孜孜不倦的苦读经验倾囊相授。虽然每人经历、专业、性情各有不同,具体观点、方法也各有门道,但对读书方法的诚恳介绍,却都相当一致。由此可见当年这批学者文人期待青年后学与书为友、学得智识、利己利国的拳拳盛意。

本书1935年6月初版于一心书店,1936年再版,后未见新篆。此次三联书店出版该书，除对讹脱倒衍做基本的修订外，也保留了一定的民国表达方式。我们不敢期望这本小书能对当下的读书环境和风气有所叩诊，但求对苦恼于读书方法的青年学子起到一点帮助作用。希望读者阅览这本小书时，各取所需，寻找适合自己的方法，也找到自己读书治学的门径。

由于我们见闻有限，未能访到编者郭文彬和一些文章作者或其家属的联系方式，因而无法事先获得他们的允诺。请编者、作者或其家属原谅，并请示知联系办法，以便奉寄样书与稿酬。

本书问世以来，多受书界关注，也出现过选题模仿者。但最需注意的，是方家予以的批评指正。其中，王蔚《〈怎样读书〉与一心书店》（上下篇，《文汇学人》2018年12月14、28日）一文，对《怎样读书》和郭文彬其书、其人，一心书店的真实面目，多有细密考据和合理推测，答疑解惑，对我们帮助最大。本次重版，重注胡适《怎样读书》一文出处，更换《为什么读书》版本，望以更好的面貌呈现给读者。

生活·讀書·新知 三联书店

2023年4月

目录
Contents

编辑者言　1

怎样读书　胡　适　4

我的读书经验　蔡元培　10

为什么读书　胡　适　13

读什么书　陈钟凡　22

怎样读书　王云五　30

读书的艺术　林语堂　41

我的读书的经验　章衣萍　50

余对于读书之经验　马寅初　56

怎样读书　樊仲云　58

对于读书问题的我见　江问渔　61

读书方法　潘仰尧　69

读书与兴趣　杨卫玉　75

读书实验　李公朴　78

谈读书　朱光潜　83

我的苦学经验　丰子恺　91

作文与读书　章衣萍　108

怎样提高读书的速率和效率 童行白 118

读书生活的三多法 欧元怀 124

我的读书经验 傅东华 127

我的读书经验 曹聚仁 131

读书并非为黄金

　　——我的不读书的经验 孙福熙 136

我的读书经验谈 张素民 139

个人读书的经验 程瑞霖 151

怎样研究英语 林语堂 155

怎样学习日语 黄鉴村 163

编辑者言

这几月以来,读书识字的空气,弥漫全国。有党政机关主持的识字运动,也有文化团体主办的读书竞赛。前者企图用政治的力量,扫除民间的文盲;后者则希望借奖励的办法,鼓舞读书的风气:这不消说都是很好的现象。

"书中自有颜如玉,书中自有黄金屋,书中自有千钟粟",这是我国传统的一句鼓励青年读书求学的口号。但因为它是一句口号,不免带一些夸张的成分,因此被反对的人,资为否定读书的价值的借口。他们以为用"书中自有颜如玉……"的态度读书的人,都是一些封建余孽、才子佳人!不错,用这种精神和目的读书,的确把书籍的意义,估价过低。但反对读书的人,把住这一个弱点,认为读书的人,"都是为了颜如玉,黄金屋,千钟粟",这却不知何所据而云然。如果他不是神经错乱,至少他想用这个论断,来掩饰自己不肯读书的短处罢。

也有人因为看见了几个方法错误的读死书的人,便以为读书人都是书呆子。这不消说也是一种歪曲的见解。因为"不辨菽麦"的读书人固然不能说没有,"只尚空谈不知实务"的读书人,也随处可遇,然而这是书籍本身的缺憾吗?这能构成推翻读书的论证的有力量的证据吗?不是!不能!

老实说,到今日为止,除了读书之外,我们还不曾发见获取智识经验的更好的方法!换言之,我们不能不承认读书是接受前人文化,沟通当时消息的最有效的工具!

一般错误的见解,以为"读书"和"迂腐""空想"好像有着联系似的,一读了书,便和实际的人生隔绝,殊不知读书和实际的人生经验并不是形如水火的两件事,相反地,却是相互利用的朋友。某些场合,需要人们去实验,去体味,然而为要应付这瞬息万变的世界,我们又何能一一遍尝人世间的遭际?我们受时间和空间的种种限制,所能亲身体验得到的人生经验,究竟有限得很。因此我们的资料大部分不能不求诸智识的宝藏——书籍、报纸、杂志……

我们既已肯定了读书的价值,那末,读书的方法怎样呢?这确是一个麻烦了无数青年的问题。同样一本书,懂得方法的人读了,可以获得智识,应付环境;反之,不懂方法的人读了,却一无所得,反博得"书呆子"的绰号。

编辑者言

不但如此,譬如一本性质严正的读物,怎样地去读,才能抹去生硬的印象,而易于消化?又如一本描写社会的丑恶的小说,怎样读了,可不致被书中的某一些刻画罪恶的句子所诱惑,而获取其中的正义?凡此都是"怎样读书"的问题。如果把国内闻名的学者教授们所发表的关于他们本人的读书经验汇集起来,以之供读书青年的参考,俾知所效法和准绳,这当然是目前读书界所急切需要的一件事。所以我们有本书的编辑。这里面有概述读书的一般方法的,有专编某一学科的研究方法的。我们相信这里所选的完全是于青年极有益的经验之谈。

因为本书的第一篇是胡适先生的《怎样读书》,所以就拿这四个字作为书名,自然一方面也因为这个题目比较可以代表本书的全部精神的缘故。

二十四年六月　编者

怎样读书

胡 适

我们平常读书的时候,所感到的有三个问题:一,要读什么书;二,读书的功用;三,读书的方法。

关于要读什么书的一个问题,在《京报》上已经登了许多学者所选定的"青年必读书",不过这青年恐怕未必有多大好处,因为都是选者依照个人的主观的见解选定的,还不如读青年自己所爱读的书好。

读书的功用,从前的人无非是为做官,或者以为读了书,"颜如玉""黄金屋"一类的东西就会来;现在可不然了,知道读书是求智识、为做人。

读书的方法,据我个人的经验,有两个条件:

(一)精(二)博

精

从前有"读书三到"的读书法,实在是很好的;不过觉到三到有点不够,应该有四到,是:

眼到　口到　心到　手到

眼到 是个个字都要认得。中国字的一点一撇,外国的ABCD一点也不可含糊,一点也不可放过。那句话初看似很容易,然而我国人犯这错误的毛病的,偏是很多。记得有人翻译英文,误Port为Pork,于是葡萄酒一变而为猪肉了。这何尝不是眼不到的缘故?谁也知道,书是集字而成的,这是字不能认清,就无所谓读书,也不必求学。

口到 前人所谓口到,是把一篇能烂熟地背出来。现在虽没有人提倡背书,但我们如果遇到诗歌以及有精彩的文章,总要背下来,它至少能使我们在作文的时候,得到一种好的影响,但不可模仿。中国书固然要如此,外国书也要那样去做。进一步说:念书能使我们懂得他文法的结构,和其他的关系。我们有时在小说和剧本上遇到好的句子,尚且要把他记下来,那关于思想学问上的,更是要紧了。

心到 是要懂得每一句、每一字的意思。做到这一点,要有外的帮助,有三个条件:

(一)参考书,如字典,辞典,类书等。平常说:"工欲善其事,必先利其器。"我们读书,第一要工具完备。

(二)做文法上的分析。

(三)有时须比较,参考,融会,贯通,往往几个平常的字,有许多解法,倘是轻忽过去,就容易生出错误来。

例如英文中的一个 Turn 字，作 vt. 有十五解，vi. 有十三解，n. 有二十六解。共有五十四解。

又如 Strike，vt. 有三十一解，vi. 有十六解，n. 有十八解。共有六十五解。

又如 Go，vi. 有二十二解，vt. 有三解，n. 有九解。共有三十四解。

又如中文的"言"字，"于"字，"维"字，都是意义很多的，只靠自己的能力有时固然看不懂，字典里也查不出来，到了这时候非参考比较和融会贯通不可了。

还有前人关于心到很重要的几句话，把他来说一说：

宋人张载说："读书先要会疑"，"于不疑处有疑方是进矣"。又说："可疑而不疑不曾学，学则须疑"，"学贵心悟，守旧无功"。

手到　何谓手到？手到有几个意思：

（一）标点分段，（二）查参考书，（三）做札记。

札记分为四种：

（甲）抄录备忘。

（乙）提要。

（丙）记录心得。记录心得，也很重要；张横渠曾说："心中苟有所开，原便札记，否则还失之矣。"

（丁）参考诸书而融会贯通之,作有系统之文章。

手到的功用,可以帮助心到。我们平常所吸收进来的思想,无论是听来的,或者是看来的,不过在脑子里有一点好或坏的模糊而又零碎的东西罢了。倘若费一番工夫,把他芟除的芟除,整理的整理,综合起来作成札记,然后那经过整理和综合的思想,就永久留在脑中,于是这思想,就属于自己的了。

博

就是什么书都读。中国人所谓"开卷有益",原也是这个意思。我们为什么要博呢?有两个答案:

(一)博是为参考;(二)博是为做人。

博是为参考　有几个人为什么要戴眼镜呢?(学时髦而戴眼镜的,不在此问题内。)干脆答一句:是因看不清楚,戴了眼镜以后,就可以看清楚了。现在戴了眼镜,看是清楚的,可是不戴眼镜的时候看去还是糊涂的。王安石先生《答曾子固书》里说:

"……读经而已,则不足以知经,故自百家诸子之书,至《难经》、《素问》、《本草》、诸小说,无所不读;农夫女工,无所不问;然后于经能知其大体而无怀疑。盖后世学者与先王之时异矣,不如是,不足以尽圣人故也。……致其知而后读,以有所去取,故异学不能乱也。惟其不能乱,故能有所去取者,所以明吾道而已……"

他"读经而已,则不足以知经",我们要推开去说:读一书而已,则不足以知其书。比如我们要读《诗经》,最好先去看一看北大的《歌谣》周刊,便觉《诗经》容易懂。倘先去研究一点社会学、文字学、音韵学、考古学等等以后,去看《诗经》,就比前更懂得多了。倘若研究一点文字学、校勘学、伦理学、心理学、数学、光学,以后去看《墨子》,就能全明白了。

大家知道的:达尔文研究生物演进的状态的时候,费了三十多年光阴,积了许多材料。但是总想不出一个简单的答案来,偶然读那马尔萨斯的《人口论》,便大悟起来,了解了那生物演化的原则。

所以我们应该多读书,无论什么书都读,往往一本极平常的书中,埋伏着一个很大的暗示。书既是读得多,则参考资料多,看一本书就有许多暗示从书外来。用一句话包括起来,就是王安石所谓"致其知而后读"。

博是为做人　像旗杆似的孤零零地只有一技之艺的人固然不好,就是说起来什么也能说的人,然而一点也不精,仿佛是一张纸,看去虽大,其实没有什么实质的也不好。我们

理想中的读书人是又精又博,像金字塔那样,又大、又高、又尖。所以我说:

> 为学当如埃及塔,
> 要能博大要能高。

(在北京平民中学的演讲,题为《读书》,啸尘记录,刊于1925年4月18日《京报副刊》。胡适后来也做过多番修改,逐渐改题为《怎样读书》。1928年起,开明书店陆续推出开明活页文选,但选取的仍是啸尘记录版本,同时将题目改为《怎样读书》。1933年世界书局出版朱剑芒编《朱氏初中国文》也选用了这一版本的《怎样读书》)

我的读书经验

蔡元培

我自十余岁起,就开始读书;读到现在,将满六十岁了;中间除大病或其他特别原因外,几乎没有一日不读点书的。然而我没有什么成就,这是读书不得法的缘故。我把不得法的概略写出来,可以作前车之鉴。

我的不得法第一是不能专心:我初读书的时候,读的都是旧书,不外乎考据、词章两类。我的嗜好,在考据方面,是偏于诂训及哲理的,对于典章名物,是不大耐烦的;在词章上,是偏于散文的,对于骈文及诗词,是不大热心的。然而以一物不知为耻,种种都读;并且算学书也读,医学书也读,都没有读通。所以我曾经想编一部《说文声系义证》,又想编一本《公羊春秋大义》,都没有成书。所为文辞,不但骈文诗词,没有一首可存的,就是散文也太平凡了。到了四十岁以后我始学德文,后来又学法文,我都没有好好儿做那记生字、练文法的苦工,而就是生吞活剥地看书,所以至今不能写一篇合格的文章,作一回短期的演说。在德国进大学听讲以后，哲学史、文学史、文明史、心理学、美学、美术史、民族学统统去听，那时候这几类的参考书，也就乱读起来了。后来虽勉自收缩，以美学与美术史为主，辅以民族学；然而他类的书终不能割爱，所以想译一本美学，想编一部比较的民族学，也都没有成书。

我的不得法，第二是不能勤笔：我的读书，本来抱一种利己主义，就是书里面的短处，我不大去搜寻他，我只注意于我所认为有用的或可爱的材料。这本来不算坏，但是我的坏处，就是我虽读的时候注意于这几点，但往往为速读起见，无暇把这几点摘抄出来，或在书上做一点特别的记号，若是有时候想起来，除了德文书检目特详，尚易检寻外，其他的书，几乎不容易寻到了。我国现虽有人编"索引""引得"等等，又专门的辞典，也逐渐增加，寻检自然较易，但各人有各自的注意点，普通的检目，断不能如自己记别的方便。我尝见胡适之先生有一个时期，出门时常常携一两本线装书，在舟车上或其他忙里偷闲时翻阅，见到有用的材料，就折角或以铅笔作记号。我想他回家后或者尚有摘抄的手续。我记得有一部笔记，说王渔洋读书时，遇有新隽的典故或词句，就用纸条抄出，贴在书斋壁上，时时览读，熟了就揭去，换上新得的。所以他记得很多。这虽是文学上的把戏，但科学上何尝不可以仿作呢？我因从来懒得动笔，所以没有成就。

我的读书的短处，我已经经验了许多的不方便，特地写出来，望读者鉴于我的短处，第一能专心，第二能勤笔，这一定有许多成效。

(《文化建设》)

为什么读书

胡 适

青年会叫我在未离南方赴北方之前在这里谈谈,我很高兴,题目是"为什么读书"。现在读书运动大会[1]开始,青年会拣定了三个演讲题目。我看第二题目"怎样读书"很有兴味,第三题目"读什么书"[2]更有兴味,第一题目无法讲,"为什么读书",连小孩子都知道,讲起来很难为情,而且也讲不好。所以我今天讲这个题目,不免要侵犯其余两个题目的范围,不过我仍旧要为其余两位演讲的人留一些余地。现在我就把这个题目来试一下看。我从前也有过一次关于读书的演讲,后来我把那篇演讲录略事修改,编入三集文存里面,那篇文章题目叫做《读书》,其内容性质较近于第二题目,诸位可以拿来参考。今天我就来试试"为什么读书"这个题目。

---

[1] "读书运动大会",上海青年会智育部干事沈嗣庄发起。会务设在青年会二楼。会期自11月6日至9日止。
[2] "读什么书"当时讲者为王云五先生。

怎样读书

从前有一位大哲学家[1]做了一篇《读书乐》，说到读书的好处，他说："书中自有千钟粟，书中自有黄金屋，书中自有颜如玉。"这意思就是说，读了书可以做大官，获厚禄，可以不至于住茅草房子，可以娶得年轻的漂亮太太（台下哄笑）。诸位听了笑起来，足见诸位对于这位哲学家所说的话不十分满意，现在我就讲所以要读书的别的原因。

为什么要读书？有三点可以讲：第一，因为书是过去已经知道的智识学问和经验的一种记录，我们读书便是要接受这人类的遗产；第二，为要读书而读书，读了书便可以多读书；第三，读书可以帮助我们解决困难，应付环境，并可获得思想材料的来源。我一踏进青年会的大门，就看见许多关于读书的标语。为什么读书？大概诸位看了这些标语就都已知道了，现在我就把以上三点更详细地说一说。

第一，因为书是代表人类老祖宗传给我们的智识的遗产，我们接受了这遗产，以此为基础，可以继续发扬光大，更在这基础之上，建立更高深更伟大的智识。人类之

---

[1] "一位大哲学家"疑为朱柏庐。惟宋真宗《劝学篇》中亦有此数语。其全文云："富家不用买良田，书中自有千钟粟；安居不可架高堂，书中自有黄金屋；娶妻莫恨无良媒，书中有女颜如玉。出门莫恨无人随，书中车马多如簇。男儿欲遂平生志，五经勤向窗前读。"

所以与别的动物不同,就是因为人有语言文字,可以把智识传给别人,又传至后人,再加以印刷术的发明,许多书报便印了出来。人的脑很大,与猴不同,人能造出语言,后来更进一步而有文字,又能刻木刻字;所以人最大的贡献就是过去的智识和经验,使后人可以节省许多脑力。非洲野蛮人在山野中遇见鹿,他们就画了一个人和一只鹿以代信,给后面的人叫他们勿追。但是把智识和经验遗给儿孙有什么用处呢?这是有用处的,因为这是前人很好的教训。现在学校里各种教科,如物理、化学、历史等等,都是根几千年来进步的智识编纂成书的,一年,两年,或者三年,教完一科。自小学、中学,而至大学毕业,这十六年中所受的教育,都是代表我们老祖宗几千年来得来的智识学问和经验,所谓进化,就是叫人节省劳力,蜜蜂虽能筑巢、能发明,但传下来就只有这一点智识,没有继续去改革改良,以应付环境,没有做格外进一步的工作。人呢,达不到目的,就再去求进步,而以前人的智识学问和经验作参考。如果每样东西,要各个人从头学起,而不去利用过去的智识,那不是太麻烦吗?所以人有了这智识的遗产,就可以自己去成家立业,就可以缩短工作,使有余力做别的事。

第二点稍复杂，就是为读书而读书。读书不是那么容易的一件事情，不读书不能读书，要能读书才能多读书。好比戴了眼镜，小的可以放大，糊涂的可以看得清楚，远的可以变为近。读书也要戴眼镜。眼镜越好，读书的了解力也越大。王安石对曾子固说："读经而已，则不足以知经。"所以他对于《本草》、《内经》、小说，无所不读，这样对于经才可以明白一些。王安石说："致其知而后读。"

请你们注意，他不说读书以致知，却说，先致知而后读书。读书固然可以扩充知识；但知识越扩充了，读书的能力也越大。这便是"为读书而读书"的意义。

试举《诗经》作一个例子。从前的学者把《诗经》看作"美""刺"的圣书，越讲越不通。现在的人应该多预备几副好眼镜，人类学的眼镜、考古学的眼镜、文法学的眼镜、文学的眼镜。眼镜越多越好，越精越好。例如"野有死麕，白茅包之。有女怀春，吉士诱之"，我们若知道比较民俗学，便可以知道打了野兽送到女子家去求婚，是平常的事。又如"钟鼓乐之""琴瑟友之"，也不必说什么文王太姒，只可看作少年男子在女子的门口或窗下奏乐唱和，这也是很平常的事。再从文法方面来观察，像《诗经》里"之子于归""黄鸟于飞""凤凰于飞"的"于"

字,[1]此外,《诗经》里又有几百个的"维"字,还有许多"助词""语词",这些都是有作用而无意义的虚字,但以前的人却从未注意及此。这些字若不明白,《诗经》便不能懂。再说在《墨子》一书里,有点光学、力学,又有点经济学。但你要懂得光学,才能懂得墨子所说的光;你要懂得各种智识,才能懂得《墨子》里一些最难懂的文句。总之,读书是为了要读书,多读书更可以读书。最大的毛病就在怕读书,怕读难书。越难读的书我们越要征服它们,把它们作为我们的奴隶或向导,我们才能够打倒难书,这才是我们的"读书乐"。若是我们有了基本的科学知识,那末,我们在读书时便能左右逢源。我再说一遍,读书的目的在于读书,要读书越多才可以越多读书。

第三点,读书可以帮助解决困难,应付环境,供给思想材料。知识是思想材料的来源。思想可分作五步。思想的起源是大的疑问。吃饭拉屎不用想,但逢着三岔路口、十字街头那样的环境,就发生困难了。走东或走西,这样做或是那样做,有了困难,才有思想。第二步要把问题弄清,究竟困难在哪一点上。第三步才想到如何解决,这一

---

[1]"于"字参看《青年界》第四期胡适的《〈周南〉新解》。

步,俗话叫做出主意。但主意太多,都采用也不行,必须要挑选。但主意太少,或者竟全无主意,那就更没有办法了。第四步就是要选择一个假定的解决方法。要想到这一个方法能不能解决。若不能,那末,就换一个;若能,就行了。这好比开锁,这一个钥匙开不开,就换一个;假定是可以开的,那末,问题就解决了。第五步就是证实。凡是有条理的思想都要经过这步,或是逃不了这五个阶段。科学家要解决问题,侦探要侦探案件,多经过这五步。

这五步之中,第三步是最重要的关键。问题当前,全靠有主意(Ideas)。主意从哪儿来呢?从学问经验中来。没有智识的人,见了问题,两眼白瞪瞪,抓耳挠腮,一个主意都不来。学问丰富的人,见着困难问题,东一个主意,西一个主意,挤上来,涌上来,请求你录用。读书是过去智识学问经验的记录,而智识学问经验就是要用在这时候,所谓养军千日,用在一朝。否则,学问一些都没有,遇到困难就要糊涂起来。例如达尔文把生物变迁现象研究了几十年,却想不出一个原则去整统他的材料。后来无意中看到马尔萨斯的《人口论》,说人口是按照几何学级数一倍一倍地增加,粮食是按照数学级数增加,达尔文研究了这原则,忽然触机,就把这原则应用到生物学上去,创了物竞天择的学说。读了经济学的书,可以得着一个解决生物学上的困难问题的方法,这便是读书的功用。古人说"开卷有益",正是此意。读书不是单为文凭功名,只因为书中可以供给学问知识,可以帮助我们解决困难,可以帮助我们思想。又譬如从前的人以为地球是世界的中心,后来天文学家科白尼[1]却主张太阳是世界的中心,地球绕着而行。据罗素说,科白尼所以这样的解说,是因为希腊人已经讲过这句话;假使希腊没有这句话,恐怕更不容易有人敢说这句话吧。这也是读书的好处。有一家书店印了一部旧小说,叫做《醒世姻缘》,要我作序。这部书是西周生所著的,印好在我家藏了六年,我还不曾考出西周生是谁。这部小说讲到婚姻问题,其内容是这样:有个好老婆,不知何故,后来忽然变坏,作者没有提及解决方法,也没有想到可以离婚,只说是前世作孽,因为在前世男虐待女,女就投生换样子,压迫者变为被压迫者。这种前世作孽,起先相爱,后来忽变的故事,我仿佛什么地方看见过。后来忽然想起《聊斋》一书中有一篇和这相类似的笔记,也是说到一个女子,起先怎样爱着她的丈夫,后来怎样变为凶太太,便想

---

[1] 今译哥白尼。——编者注

到这部小说大约是蒲留仙或是蒲留仙的朋友做的。去年我看到一本杂记,也说是蒲留仙做的,不过没有多大证据。今年我在北平,才找到了证据。这一件事可以解释刚才我所说的第二点,就是读书可以帮助读书,同时也可以解释第三点,就是读书可以供给出主意的来源。当初若是没有主意,到了逢着困难时便要手足无措,所以读书可以解决问题,就是军事、政治、财政、思想等问题,也都可以解决,这就是读书的用处。

我有一位朋友,有一次傍着灯看小说,洋灯装有油,但是不亮,因为灯芯短了。于是他想到《伊索寓言》里有一篇故事,[1]说是一只老鸦要喝瓶中的水,因为瓶太小,得不到水,它就衔石投瓶中,水乃上来,这位朋友是懂得化学的,于是加水于灯中,油乃碰到灯芯。这是看《伊索寓言》给他看小说的帮助。读书好像用兵,养兵求其能用,否则即使坐拥十万二十万的大兵也没有用处,难道只好等他们"兵变"吗?

至于"读什么书",下次陈钟凡先生要讲演,今天我也附带讲一讲。我从五岁起到了四十岁,读了三十五年的

---

[1] 即《老鸦和水瓮》,见《伊所伯的寓言》(亚东版)第192面。

书。我可以很诚恳地说，中国旧籍是经不起读的。中国有五千年文化，四部的书已是汗牛充栋。究竟有几部书应该读，我也曾经想过。其中有条理有系统的精心结构之作，二千五百年以来恐怕只有半打。"集"是杂货店，"史"和"子"还是杂货店。至于"经"，也只是杂货店，讲到内容，可以说没有一些东西可以给我们改进道德增进智识的帮助的。中国书不够读，我们要另开生路，辟殖民地，这条生路，就是每一个少年人必须至少要精通一种外国文字。读外国语要读到有乐而无苦，能做到这地步，书中便有无穷乐趣。希望大家不要怕读书，起初的确要查阅字典，但假使能下一年苦功，继续不断做去，那末，在一二年中定可开辟一个乐园，还只怕求知的欲望太大，来不及读呢。我总算是老大哥，今天我就根据我过去三十五年读书的经验，给你们这一个临别的忠告。

（本文为1930年11月下旬胡适在上海青年会的演讲，文稿经胡适校正，原载1930年12月至1931年2月《现代学生》第1卷第3、5期）

读什么书

陈钟凡

现在科学繁重,所以读书要讲求最经济的方法。在从前科举时代,所读的都是中国旧书,但现在学校中各科常识都要研究,读专门书的时间很少,所以读书的观念要改变。在古代,一切书籍多为一般智识者或贵族所垄断,没有现在那样流通,现在是用书时代。书籍是各种智识的宝库,读书为着要解决问题,否则可不必读。我们要用最经济的方法去读最有用的书。

现在各种书籍汗牛充栋,浩繁已极,动植矿物可以分门别类,书也是如此。旧时代采用七分法或四分法。所谓七分法实在只是六分法,例如六艺,后来渐渐觉得这分法太繁。四分法就是把中国旧书分为经、史、子、集四种,但经应该归到文学一类,史是文学书,所以中国旧书可以分为三类,就是史学、哲学思想和文学。现在杜威"十分法",图书馆多经采用,但中国书却不能用那样精密的分法,因为中国书智识很杂,例如《墨子》一部书里要讲到政治、经济、社会等等许多问题，此外也谈到工程学和军事学。那末，按照杜威的十分法，你究竟把这部书归入哪一类好呢？这是"十分法"最大的毛病。总之，在中国旧籍中，只有史学、哲学思想和文学这三类特别发达。我们不能把《淮南子》这部书当作化学，和制豆腐的人不懂得化学原理，不能把制豆腐这件事算是科学一样。我们只能把中国书分成三类。

讲到史学，关于这方面的书籍很多。所谓一部《二十四史》从何处说起？现在我们可以说一部《二十四史》从何处读起。中国的史书大都是帝王家谱，一点用处都没有，可以说没有一种能合于现代史学方法的。史可以分为两种，就是通史和专史。通史或依地方分类，或依时期分类，或依智识分类，或依宗教分类。但这样的通史，中国一部都没有，专史也没有。先说到通史，从前蔡子民先生主国史编纂处事时曾编过通史，并叫我编教育史。于是我天天从《二十四史》等旧籍中去找材料，遇有和教育有关的，便叫书记抄下去，但这个方法还是不行，后来国史编纂处也就裁撤。那末，究竟用什么方法呢？我们只有用自己方法去钩玄。在史籍中有一部分的神话，是靠不住的、不完全的。此外像《纪事本末》这一种书，其内容不相连续，也不算是中国通史，只能算是中国通史的原料或是未成熟的稿本。说到专史，宋代倒有几部学术史，其中有一部叫做《宋儒学案》，要算最完备，明代也有《明儒学案》，到了清代虽有《清儒学案》，但已经是没有什么价值的了。这种专史的材料，我们可以到类书中去找，从《通志》《文献通考》，九通、艺文志、《汉书·艺文志》以及其他经史子集中，我们可以找出许多专门材料。譬如我们把《汉书·礼乐志》《通志》《通考》《乐考》等等关于音乐史的材料凑起来，我们就可以知道古代音乐的起源，乐谱的内容等，再推而至于雕刻、图画之类，也有很多的史实。再说宗教史，中国人可以说是还没有，日本人倒有关于中国佛教史的一类书。

此外关于中国各种重要问题，例如民族问题，像汉之匈奴，唐之突厥，中国那几次被他们侵略，后来怎样恢复原地等等民族消长的情形，在《史记》的《匈奴传》，《通志》的《四夷传》等篇中，都有详明的记述。还有中国的田赋制以及其他经济制度，我们也可以从类书中去找材料。中国的土地原是公田，在古代有所谓均田井田制，后来渐渐发生买卖土地等情事，于是大部分的土地便被贵族和土豪占据了去。土地革命的事实中国很多，譬如汉朝的王莽就是主张土地革命的一个人。现在所谓平均地权，中国向来已有一部分施行过，我们可以从"三通"杂货志里面找出许多的材料。

读什么书

中国书很难读,我们要经过一番审查的工夫。自从三皇五帝直到《史记》,那时的记载都靠不住,我们不敢相信。自从古物学发现之后,我们知道那时文化很浅,一定做不出那样的书,就是后来的传书也都靠不住,五经也要加以审查,只有算书——例如《周书》[1]——还靠得住,其他都是假的。所以我们要用科学的方法去读古史,我们要懂得地质学、人类学、人种学、算学等科学,不通各科学不能研究古史,要先有普通智识,然后可以进而研究专门学问。

其次要讲到哲学,这是思想的问题。春秋有三大家。第一是道家,就是老子和庄子,他们著书很少。对于这些书有许多人用佛教的眼光去读,这是不对的,我们最好用客观的眼光,用自己的经验去解释,以求其本来的面目,至于一切注释、训诂,都是由后人牵强附会的。第二是儒家,以孔孟为代表。孔子的哲学思想详于《论语》一书,但《孝经》一书却是七十二子以后的人所著的。第三是墨子,包含名家和法家。墨子著有名家的书,法家也有专书,例如《韩非子》。以后到了秦时,产生了一位批评家淮南子,创造了一种批评哲学。汉朝崇尚儒术,但有价值的书很少,董仲舒不过把古

---

[1] 此处或指《周髀算经》。——编者注

人所说的话重说一遍罢了。但那时的名家和法家却很有价值,对于当时的社会情形也批评得很是确当。那时有一种怀疑学派思想,对于儒家,要质问、要讽刺,言论激烈,那就是王充的《论衡》。到了魏晋,一般士大夫喜欢清谈,列子便是魏时的人[1]。那时的人耽于逸乐,富于颓废思想,不想立功立名,只求长生不死,这种思想一部分固然合于医学,但不能认为是一种科学。这还是儒家时代。唐时佛教时代,代表当时的思想的是佛教,而不是儒家的韩愈。那时的心理学派思想,无论大乘、小乘都很有价值。此外,还有相宗,后来乘与相宗混在一起,儒、道、墨三家思想互相综合。中国人无论什么事都喜欢综合,譬如外国人写信,在信封上总是先写明街名,然后写到县名、省名,以至国名。中国人却刚刚倒过来,先写国名、省名,然后写县名、街名,思想由大而小,笼统综合,毫无条理,毫无系统。到了宋、元、明,儒、道、墨三家思想也合在一起,形成了理学派的思想,其最著名的有朱熹、程颢、程颐的文学,和陆九渊的哲学。最后到了清朝各种学派渐渐踏上了科学之路,当时有所谓考证派。那时唯理主义和唯情主义两派各趋极端。唯理主义主张

---

[1] 列子,战国前期思想家。——编者注

打倒一切不合理的思想，而唯情主义的思想家则以为只有有权势的人有理，理为杀人的工具，不合于天下人的欲望，这种思想很有价值。当时社会思想也很发达，有黄梨洲之提倡民族主义，有顾亭林之提倡民生主义，例如山西人的票庄也是顾氏所提倡的。此外，如攻击君主，提倡民权者也有之。

最后讲到文学。研究文学用不着科学方法，科学要求真，而文学则否。文学是感情的产物，愈不近情愈好。文学的目的在表现人生。有环境的关系，它是含有民族性、阶级性、和时代性的，所以一时代有一时代的文学，一民族有一民族的文学，一阶级有一阶级的文学。大概野蛮人感情激烈，平民行为粗豪，对于一切不满意的事，常是信口大骂，出口成章。贵族则把文学当作一种娱乐品，凡事主张含蓄，不主张乐到极点，所谓文人的态度要雍容大雅，要温雅敦厚。这是文学的阶级性，但各有各的特长，我们都不能说哪一种的文学不好。

关于文学书，应读的很多很多，极不容易选择，现在只能提出几个代表作家和他们的代表作品。中国古代是歌谣时代，有许多是神话，是靠不住的、假托的。《诗经》是中国最大的文学宝库，所描写的多是社会实际生活。至于屈原、宋玉的作品，则是属于理想派的，超实际生活的。汉是乐府时代，这是贵族文学，毫无价值，例如祭宗庙的歌，以及铺张扬厉的词赋，都是贵族文学，可不必读。自东汉至隋唐，平民作品很多，平民思想也很发达，那时代表作家有曹家父子，就是曹操、曹植、曹丕。王粲的作品和陶渊明描写山水的诗也很著名。骈文没有什么价值，但王勃的《滕王阁序》却很好，不过古典太多，读时要查类书，所以不读没有关系。于是进而至于律诗时代，律诗可与音乐合唱。共分两派。第一是李白、杜甫的颓废派，有很多的纪事诗，平民色彩很是浓厚，专描写劳工的痛苦，鸣社会的不平。第二是柳宗元等的山水派。到了南唐，浪漫派的词很盛行，北宋则有苏东坡的豪放派的词。这是词的时代。明末是曲的时代。在元朝就有许多散曲，到了明末，就盛行一时，其最著名的有《昭君和番》，王实甫的浪漫派作品《西厢记》[1]等，所描写的不外乎社会家庭问题和女子痛苦之类。除散曲外，还有许多南曲传奇，其重要的作品有《琵琶记》，汤显祖的《牡丹亭》等，其内容也是有关于家庭问题的。历史剧的出品很多，例如清代的《长生殿》《桃花扇》等，都有很沉痛的描写。词和曲两者的性质刚刚相反：词含意很深，带有弦外余

---

[1]《西厢记》，作者王实甫，写于元代。——编者注

音，曲则尽量发挥，痛快淋漓；词极雅而曲极粗，甚至粗俗得令人看不懂。清代的文学多半学杜甫、陶渊明，带模仿性质，作曲的人很少。说到小说方面，元朝有《水浒》《金瓶梅》[1]，明朝有《三国志》[2]，清朝有《红楼梦》《儒林外史》。《红楼梦》是描写大家庭的情形，《儒林外史》是描写文人的丑态，是富于讽刺性的社会文学。

现在文学到了新的阶段，文学并没有时间性和地方性的关系，因为人的冲动和感情彼此都是一样。譬如但丁的《神曲》，歌德的《浮士德》和《少年维特之烦恼》等名著，直到现在中国人还是很喜欢读，就是文学的阶级性也并非是固定的，一个阶级也可以了解别个阶级的文学而感受趣味。不过有一点我们应该知道的，就是我们不要模仿前代，我们只可以读古人的名著，来培养自己的感情。

总之，中国的书籍可以分为三大类。至于读书方法的问题，是要先研究科学、数学，以为读书的工具或手段。

（青年会讲）

---

[1]《水浒传》《金瓶梅》，皆成书于明代。——编者注
[2] 此处应指《三国演义》。——编者注

怎样读书

王云五

我们为什么要读书呢？为什么大家都要读书呢？读书的原因大概有三种：第一是强迫读书。有许多人并不知道读书的原因，不过被父兄强迫去读书。这种现象大家一致承认是不好的；第二是有目的的读书。譬如自己将来想做什么事，便读什么书，但这样的读书是否最好？不是最好的。有的家里有钱，不知做事；那末，这样说来就可以不读书了。只有那穷困的人要读书，为着他们非做事不可。所以这是不对的。第三是为读书而读书。为读书而读书究竟有什么好处呢？这是为着兴趣，读书最好是从养兴趣起，这样，书一定读得好。譬如看电影一样，看起来十分觉得有兴趣。

现在且说一说我个人的小经验。我生来就有一种豪气，否则便不能读书。我到过美国、德国，但他们的有声电影我却没有去听过，什么大音乐院、大戏院我也从来没有到过，因为我的兴味不在这里。这是我的短处，但也有长处。不过我很快乐，因为家里也有些藏书，但我觉得无论什么事再没有比读书那样快乐的了。读书好比和名人对谈，只要有一卷在手，我不但可以和安迭生、爱因斯坦那些活人对谈，而且也可以和牛顿等死人对谈，无论哪一国的人，我都可以和他对谈，这实在是难得的机会。但梅兰芳、谭鑫培那些人，我却没有和他们对谈过。专门发展一方面自然也太偏，所以我也不反对看有声电影。因为这是另一种兴趣，但是有一件事我们不要忘记，就是读书要有方法，要有鼓动兴趣的方法，我们要养成读书的乐趣。

在未讲到读书的方法以前，我先要说到读书的两种难关：第一是关于时间方面，第二是关于经济方面。我们要读书，必须先打破这两重难关。

先说到读书的时间问题。学生很有福气，很快乐，日夜可以读书；至于学徒，一天到夜要做事，只有抽出工夫来读书，所以一个学生应该尽量享受这幸福，因为他读书的时间多得很。我有一种长处，就是能读书，所以虽则我没有进过学校，却也当过大学教授，我以为一个人只要肯读书，时间是没有问题的，一天能有八小时、十小时的读书时间就够了。读书不是一种紧张的工作，不是一天到晚不停的。一天有二十四小时，除了睡眠八小时，工作八小时之外，还剩下八小时，这是很好的读书时间，就是打一对折，也有四小时。打一个七五折，也有六小时。学生一天要上几点钟课呢？有时一天上六小时的课，最多的时候有八小时，比仅有四小时读书时间的人幸福自然要加上一倍，但人家四年可以毕业，我不妨八年毕业；如果我每天能有六小时的读书时间，我的毕业期限也可以减少一些，所以时间是不成问题的。不怕没有时间，只怕没有读书的志气。我这次出国，到过八九国，先到日本，国外留学生叫我演讲，我第一句就说：我向来未出门一步。有的人虽然没有到过城里，但城里的事物也知道不少。这就是因为他读过书。日本人很欢喜读书，我们对于日本人读书的精神要学他。我们天天喊着打倒帝国主义，只是因为我们恨他，但中国能不能给他恨呢？前次我在日本时受着一种很大的感触，因为日本人很欢喜读书。我跑进一家旅馆，看见一个日本小孩子，年约十二三岁，左手开门，右手拿着书在读，他读的并不是《西游记》或是其他爱情小说之类，却都是关于少年自然科学、社会问题这一类规规矩矩的书。我并不是反对看小说，而且像那样枯燥无味的书本是不应该给年青的人看的。日本全国人民都能读书，就是下女也是如此。美国就不行了。美国有很多图书馆，但美国人却不大享受图书馆，只是摆样子。我这次在美国时，天天往北美图书馆看书，吃饭也在那里。总之，我们不要怕没有时间读书，我们要尽量享福，有一半时间也好，有四分之三的时间也好。时间是不成问题的。

第二种难关，是关于读书的经济问题的。现在读书不如从前，读书的负担很重，这是就一般的读者而言，并不是专指学生。中国图书馆不多，对于这一点我很担忧。为便利读书起见，我们要多创造图书馆。我之所以办"万有文库"，就是因为我想到从前失学之苦，而欲救济一般失学的青年。上海的图书馆更是缺少，这也是一个问题，而且现在书价也并不便宜。我们要把读书当作吃饭，不读书也是饿，不过这饿是看不见的。能努力就不会饿，我们不要饿着脑筋。我们每个月若能省下两块钱去买书，我想也不是怎样的难事。衣服可以少穿一些，我们不妨以步代车，这样，车费可以省去，而且对于身体也有好处；所以经济也不成问题。一个月省下两元，就是衣服饭食各省下一元，坐车的钱省下半元，能省下三元更好，一块钱可以买三百面的书本，这样一个月就可以读四十八万字的书。我幼时苦无此福，只在学校里念过几个月的书。我每日饭时由学校回家，所以我每饭吃得很快，三分钟、二分钟就吃完，吃了饭便到学校里去。人家说饭吃得快要不消化，我却很容易消化，有一次母亲说我吃了饭就走路，不大好，于是她给我几个铜板，说：到了学校在休息时买一点东西吃。我的胃口本来很好，可是我不想买点吃的只想积钱买书。少吃并不见得会弄坏身体，到现在我的身体还是很好，可以在讲台上接连说三小时的话。精神是越用越好的，刀是越磨越快的。少吃不会弄坏身体，我一星期中倒有三四天不吃早饭。但身体是很好，而且还可以省下钱来买书。

难关是过了，每天可以有六小时读书的时间，每个月可以省下三块钱买书，这样一年便可以读六百万字的书，所谓小数怕长算，这句话，真是不错！我于读书并没有什么法宝；这不过是我凭着个人经验所得，随便谈谈的家常话罢了。

现在要讲到读书的方法。我们知道做文章的方法，是多读多作，和多看，这些方法也可以应用到读书上去，不过我再加上一个，就是多想。因为只管多读多作和多看，还是不成功的。但我这些话实在不过也是老生常谈罢了。

先说到多想。呆读书是书呆子干的事，孟子所谓"尽信书不如无书"，这句话委实不错。好奇、怀疑，是读书的好方法，怀疑并不是说对于任何事都要怀疑，乃是说脑子要多想。一个人没有幻想并不能有所发明的；我常常有着一种幻想，我发明"四角号码检字法"就是这幻想的结果。现在打电报要从字译成号码，找字很费时，有的难字，又找不出，这很麻烦。若是把文字统统编成号码，每个字都有一个号码，那末就有四万个号码，比电码要多。这许多号码究竟从什么地方得来呢？有什么记号呢？用部首检字太麻烦，后来我终于想出了一个方法，现在每一个字有一个号码。而且无须强记，每一个号码都可从理性推想出来，只要把字一看就可以想出来，我的小孩子比我还想得快。"四角号码检字法"已经是经过几次的改良，从前的那种方法是老老实实的、呆板的，后给我很多的改良机会，所以现在的方法，要比从前好得多了。我有一次在吃饭时忽然把桌子一拍，同时嘴里喊着："好了！好了！"因为我想出了号码，以前的那个方法，虽然不好，但没有以前的方法，便没有现在的方法。例如"天"字的号码只要一推想，就知道是20110。好了！号码来了，又譬如"横"字也只要一推想，就知道其号码是31000。现在的方法确要比从前好。现在"四角号码检字法"用的人有一百多万，就是四万万字都有法子想，这是说明幻想的功用。但光是求幻想而不求方法，也没有用处，《封神榜》里哪吒的风火轮便永远只是风火轮，绝不会变成实在的飞机。所以一个人若要得到正确的思想，仅有一个方法，就是学算学。中国人的通病即没有学这算学的头脑,学文科究竟有什么好处呢?学算学好,学算学能得到正确的思想。中国人有一句话:马马虎虎、大概、差不多。我们要打倒这马马虎虎、大概、差不多这三位先生,其方法就是用算学。中国不注重算学,这是很坏的现象。现在高中的算学一科最多也不过学到微积分。初中只有混合算学,这从为免除消耗脑力的一个观点上看来自然也很对,其实是知其一不知其二,一般人以为学文学的人,为什么要学算学呢?几何代数都用不着,学算学只要能知道一些名称,懂得一点比例和百分数可以应用于商业上就够了。现在只有学工程物理的人才学算学,出版界对于高等算学这方面也不注意,这种现象对于前途是很危险的。我们若是要使思想正确,一加一一定是二,二加二一定是四!那末,独学理工的人要学高等算学,就是学文学的人也要学高等算学了。文艺只能养成幻想,养成永久的幻想而毫无归宿,这样,思想便不能正确。为什么许多人不欢喜研究算学呢?这是因为学别的科学——例如社会科学——可以跳学。算学不能跳,不能激进,只能一级一级地上去。现在一般人只知道节省时间,以为只要学应用的算学就够,而不想学其他的算学,这完全抱的功利之义,是不对的。我话说得太多,现在要收束。思想有两种:第一,要不怕幻想，譬如四角号码的发明，就是这幻想的结果；第二，要幻想到底，没有算学是不成功的。我没有进过什么学校，我学算学完全自己靠自己，到现在微积分还记得。我一生得之于算学很大。若学算学能使脑力健康，这也是一个脑筋的运动，多学些高等算学绝不会坏脑筋，脑筋不怕坏，只怕失却官能，所以我们要常常训练脑筋。

其次要说一二点关于多读书方面的话。滥读也有好处，譬如一张桌子，因为看得多了，一看就知道是桌子，可以不用想。我以前不敢做文章，但滥读书后，写出来就是文章，读书要明白意义，光是呆读不好。学外国文也是如此，我对于英文写得还好，有人以为我出洋很久，其实以前先生只教过我七八个月晚上的英文，在白天我过的都是学徒生活。然而到现在，即使我不预备也能用英语演讲，这全是自修的结果。从前美国大发明家、大政治家、大文学家富兰克林，他是一个自修的人。他在自传里讲到他幼时的读书方法。他说他在三岁时专替人家做皮鞋、修皮鞋。有一天有一个人，带着一本宗教的书到他铺子里来，这个小孩子就翻着看了，那个人看见他欢喜读书，很称许他，便把这本书送给他。这个小孩很聪明。他读书的方法是，先把头十面念熟，读到第二十面时就把头十面写出来，没有人改文呢？就把自己当作先生，自己改了一遍。等到读第三十面时，又把自己写出的东西，和原文对照一下，这样，书上的文字就是他的文字了。我从前也学过这方法，也是呆念，若和原文一对，不像，便自己骂自己。这是自己的经验，但这个方法，是从富兰克林那里偷来的。好的东西可以偷来自己用。

第三要多做。多做就是多实行。读书要多做笔记，横竖给自己看，自己修改，也无须怕难为情。多写几回就有进步。有文化就是有习惯，所谓熟能生巧。

第四是多看。多看书也有毛病，这一点是我自己所要忏悔的。随便看看书不但花了许多精神，而且是白费时间，这是多看的坏处。有一个笑话，《大英百科全书》本是一种参考书，而我却把这部从头至尾地读了一遍，像这样的读书是等于不读书；希望诸君不要走我失败的路。我承认我自己很肯吃苦读书，聪明也有一点，但我虽很聪明用功，而读书的方法都是太笨。假使我读书能有系统，二十余年来专攻一学，那末，像我这样肯用功而又有小聪明的人，一定可以成为一个专家。现在呢，我变了一个"四不像"，只好算是四角号码专门家吧！以往我差不多什么都看，算学、物理、化学，程度都很好，医学、矿学，也都学过，也不知用了多少精神，直学到现在头发白、六十岁了。从前我读书好像绕远路，倘使我能专心做一事，那是多么好呢！

我还要多说几句话。四角号码并不是退步而是进步的，现在总算做成功了，这全赖有毅力。别的我不敢认，但"四角号码专家"我是承认的。我为一件事，花了几年工夫，现在还是继续改良，并未抛弃。希望大家要先认定方针，然后读书。为求其应用而读书，才有好处。若只为着兴趣，自然可以无须定方针。什么都可以学，读书第一要定方针，为学要像金字塔，不要滥看。

有三件事要附带的报告一下：第一是图书分类法；第二是"万有文库"；第三是《四角号码标准大字典》。先说图书分类法：现在图书馆还没有把图书分类清楚。杜威把图书分为十大类，以下还有千百小类，如果范围再广一点，还可以再分为多少类。好比我们跳到先施永安等百货公司里面，各种货物分门别类，琳琅满目，这里跑了，又回头跳到那里。求学也是如此，要抱定方针，专攻一学，要打定基础，不要离中心太远。譬如你是学法律的，那末经济、哲学、政治、心理、算学等科学，你都可以学，因为这些科学和法律都很有关系。其次要说到"万有文库"。凡必要读的书已分别先后，编入"万有文库"内。对于一个普通人要读的书太多，所以读书要经过一番选书工夫。像我这样走了二十年的冤枉路，现醒来已太迟。在"万有文库"里面各国名著一百种，此外还有百科、农业、工商等小丛书。至于索引，这全赖出版业去提倡的。我前次在美国看了一千多本书，只花了十天工夫就看完，因为每本书都有索引。像中国的《二十四史》，真是无从说起。并不是觉得其大，乃是因为没有索引。因此我发明了一种检字法，用"四角号码检字法"去找字典比旧法按照部首去找，要容易得多。有许多人字音念错很多，应该常常去找字典。若用"四角号码检字法"去找字典，找一个字只须二分钟，有的只须几秒钟就够了，这打破了以前的纪录。外国字典很容易找，因为有检字法帮找。现在商务印书馆对于索引有着大规模的计划，最近《王云五大辞典》开辟了一个新时代，这部辞典与众不同，注音很正确。其内容颇适合于中学以下的程度，而且也注意到时间和空间，例如光绪某年等于外国纪元哪一年，王阳明先生生于公元哪一年，死于公元哪一年等等，以及人口的统计等都有。

总之，读书一定要得学索引。此外，还要尽量利用字典。这是读书的唯一方法。

（《读书月刊》）

读书的艺术

林语堂

诸位,兄弟今日到贵校来,以前学生生活苦乐酸酣的滋味,都一一涌上心头。不但诸位所享弦诵的快乐,我能了解,就是诸位有时所受教员的委屈磨折、注册部的挑剔为难,我也能表同情。兄弟今日仍在读书时期,所不同者,不怕教员的考试,无虑分数之高低,更无注册部来定我的及格不及格、升级不升级而已。现就个人所认为理想的方法,与诸位学生通常的读书方法比较研究一下。

余积二十年读书治学的经验,深知大半的学生对于读书一事,已经走入错路,失了读书的本意。读书本来是至乐之事,杜威说,读书是一种探险,如探新大陆、如征新土壤;佛兰西也已说过,读书是"魂灵的壮游",随时可以发见名山巨川、古迹名胜、深林幽谷、奇花异卉。到了现在,读书已变成仅求幸免扣分数、留班级的一种苦役而已。而且读书本来是个人自由的事,与任何人不相干;现在你们读书,已经不是你们的私事,而处处要受一些不相干的人的干涉,如注册部及你们的父母妻室之类。有人手里拿一本书，心里想我将何以赡养父母、俯给妻子？这实在是一桩罪过，试想你们看《红楼梦》《水浒》《三国志》《镜花缘》，是否你们一己的私事，何尝受人的干涉？何尝想到何以赡养父母、俯给妻子的问题？但是学问之事，是与看《红楼》《水浒》相同，完全是个人享乐的一件事。你们若不能用看《红楼》《水浒》的方法去看哲学史、经济大纲，你们就是不懂得读书之乐，不配读书，失了读书之本意，而终读不成书。你们能真用看《红楼》《水浒》的方法去看哲学、史学、科学的书，读书才能"成名"。若徒以注册部的方法读书，你们最多成了一个"秀士""博士"，成了吴稚晖先生所谓"洋绅士""洋八股"。

我认为最理想的读书方法，最懂得读书之乐者，莫如中国第一女诗人李清照及其夫赵明诚。我们想象到他们夫妇典当衣服，买碑文、水果，回来夫妻相对展玩咀嚼的情景，真使我们向往不致。你想他们两人一面剥水果，一面赏碑帖，或者一面品佳茗，一面校经籍，这是如何的清雅，如何得了读书的真味。易安居士于《金石录》后序自叙他们夫妇的读书生活，有一段极逼真极活跃的写照；她说："余性偶强记，每饭罢，坐归来堂烹茶，指堆积书史，言某事在某书某卷第几页第几行，以中否角胜负，为饮茶先后。中即举杯大笑，至茶倾覆怀中,反不得饮而起,甘心老是乡矣!故虽处忧患困穷,而志不屈。……收藏既富,于是几案罗列,枕席枕藉,意会心谋,目往神授,乐在声色狗马之上……"你们能用李清照读书的方法来读书,能感到李清照读书的快乐,你们大概也就可以读书成名,可以感觉读书一事,比巴黎跳舞场的"声音",逸园的"赛狗",江湾的"赛马"有趣,不然,还是看逸园赛狗、江湾赛马比读书开心。

什么才叫做真正读书呢?这个问题很简单。一句话说,兴味到时,拿起书本来就读,这才叫做真正的读书,这就是不失读书之本意。这就是李清照的读书法,你们读书时,须开放心胸,仰视浮云,无酒且过,有烟更佳。现在课堂上读书连烟都不许你抽,这还能算为读书的正轨吗?或在暮春之夕,与你们的爱人,携手同行,共到野外读《离骚》经,或在风雪之夜靠炉围坐,佳茗一壶,淡巴菰一盒,哲学、经济、诗文、史籍十数本狼藉横陈于沙发之上,然后随意所之,取而读之,这才得了读书的兴味。现在你们手里拿一书本,心里计算及格不及格,升级不升级,注册部对你态度如何,如何靠这书本骗一只较好的饭碗,娶一位较漂亮的老婆——这还能算为读书,还配称为"读书种子"吗?还不是沦为"读书谬种"吗?

有人说如林先生这样读书方法，简单固然简单，但是读不懂如何，而且不知成效如何？须知世上绝无看不懂的书，有之便是作者文笔艰涩，字句不通，不然便是读者的程度不合，见识未到。各人如能就兴味与程度相近的书选读，未有不可无师自通，或者偶有疑难，未能遽然了解，涉猎既久，自可融会贯通。试问诸位少时看《红楼》《水浒》，何尝有人教？何尝翻字典？你们的侄儿少辈现在看《红楼》《西厢》，又何尝需要你们去教？许多人今日中文很好，都是由看小说、《史记》得来的，而且都是背着师长，偷偷摸摸硬看下去，那些书中不懂的字，不懂的句，看惯了就自然明白。学问的书也是一样，常看下去，自然会明白，遇有专门名词，一次不懂，二次不懂，三次就懂了。只怕诸位不得读书之乐，没有耐心看下去。

所以我的假定是学生会看书、肯看书；现在教育制度是假定学生不会看书、不肯看书。说学生书看不懂，在小学时可以说，在中学还可以说，但是在聪明学生，已经是一种诬蔑了。至于已进大学还要说书看不懂，这真有点不好意思吧！大约一人的脸面要紧，年纪一大，即使不能自己喂饭，也得两手拿一只饭碗硬塞到口里去，似乎不便把你们的奶妈干娘一齐都带到学校来，来给你们喂饭，又不便把大学教授，看做你们的奶妈干娘。

至于"成效",我的方法可以包管比现在大学的方法强。现在大学教育的成效如何,大家是很明了的。一人从六岁一直读到二十六岁大学毕业,通共读过几本书?老实说,有限得很,普通大约总不会超过四五十本以上。这还不是跟以前的秀才举人相等?从前有一位中了举人,还没听见过《公羊传》的书名,传为笑话,现在大学毕业生就有许多近代名著未曾听过名字,即中国几种重要丛书也未曾见过。这是学堂的不是,假定你们不会看书,不要看书,因此也不让你们有自由看书的机会,一天到晚,总是摇铃上课,摇铃吃饭,摇铃运动,摇铃睡觉。你想一人的精神是有限的,从八点上课一直到下午四五点,还要运动、拍球,哪里还有闲工夫自由看书呢?而且凡是摇铃,都是讨厌,即使摇铃游戏,我们也有不愿意之时,何况是摇铃上课?因为学堂假定你们不会读书,不肯读书,所以把你们关在课堂,请你们静坐,用"注射""灌输"的形式;由教员将知识注射入你们的脑壳里。无如常人头颅都是不透水的,所以知识注射普通不及大功。但是比如依我方法,假定你们是会看书,要看书,由被动式改为发动式的,给你们充分自由看书的机会,这个成效如何呢?间尝计算一下,假定上海光华、大夏或任何大学有一千名学生,每人每期交学费一百元,这一千名学费已经合共有十万元。将此十万元拿去买书,由学校预备一间空屋置备书架，扣了五千元做办公费（再多便是罪过），把这九万五千元的书籍放在那间空屋，由你们随便胡闹去翻看，年底拈阄分配，各人拿回去九十五元的书，只要所用的工夫与你们上课的时间相等，一年之中，你们学问的进步，必非一年上课的成绩所可比。现在这十万元用到哪里去？大概一成买书，而九成去养教授，及教授的妻子，教授的奶妈，奶妈又拿去买奶妈的马桶。这还可以说是把你们的"读书"看做一件正经事吗？

假定你们进了这十万元书籍的图书馆，依我的方法，随兴所至去看书，成效如何呢？有人要疑心，没有教员的指导，必定是不得要领、杂乱无章、涉猎不精、不求甚解。这自然是一种极端的假定，但是成绩还是比现行大学教育好。关于指导，自可编成指导书及种种书目。如此读了两年可以抵过在大学上课四年。第一样，我们须知道读书的方法，一方面要几种精读，一方面也要尽量涉猎翻览。两年之中能大概把二十万元的书籍，随意翻览，知其书名、作者、内容大概不也就不愧为一读书人了。第二样，我们要明白，学问的事，绝不是如此呆板。读书也必求深入，而于求深入，类由兴趣相近者入手不可。学问是每每互相关联的，一人找到一种有趣味的书，必定由一问题而引起其他问题，由看一本书而不能不去找关系的十几种书,如此循序渐进,自然可以升堂入室,研究既久,门径自熟,或是发见问题,发明新义,更可触类旁通,广求博引,以证己说,如此一步一步地深入,自可成名。这是自动的读书方法。较之现在上课听讲被动的方法,如东风过耳,这里听一点,那里听一点,结果不得其门而入,一无所获,强似多多了。第三,我们要明白,大学教育的宗旨,对于毕业生的期望,不过要他博览群籍而已(Be a well-read man),并不是如课程中所规定,一定非逻辑八十分,心理七十五分不可,也不是说心理看了一百八十三页讲义,逻辑看了二百零三页讲义,便算完事,这种的读书,便是犯了孔子所谓"今汝画"的毛病。所谓博览群籍,无从定义,最多不过说某人"书看得不少",某人"差一点"而已,哪里去定什么限制?说某人"学问不错",也不过这么一句话而已,哪里可以说某书一定非读不可,某种科目是"必修科目"。一人在两年中泛览这二十万元的书籍,大概他对于学问的内容途径,什么名著、杰作、版本、笺注,总多少有点把握了。

现在的大学教育方法如何呢?你们的读书是极端不自由,极端不负责。你们的学问不但有注册部定标准,简直可以称斤两的。这个斤两制,就是学校的所谓"七十八分""八十六分"之类,及所谓多少"单位"。试问学问之事,何得称量斤两？所谓英国史七十八分，逻辑八十六分，如何解释？一人的逻辑，怎么叫做八十六分？且若谓世界上关于英国史的知识你们百分已知道了七十八分，世上岂有那样容易的事？但依现行制度，每周三小时的科目算三单位，每周二小时的科目算二单位，这样由一方块一方块的单位，慢慢堆叠而来，叠成多少立方尺的学问，于是某人"毕业"，某人是"秀士"了。你想这笑话不笑话？须知我们何以有此大学制呢，是因为各人要拿文凭。因为要拿文凭。故不得不由注册部定一标准，评衡一下，就不得不让注册部来把你们"称一称"。你们如果不要文凭，便无被称之必要。但是你们为什么要文凭呢？说来话长。有人因为要行孝道，拿了父母的钱心里难过，于是下定决心，要规规矩矩安心定志读几年书，才不辜负父母一番的好意及期望。这个是不对的，与遵父母之命媒妁之言恋爱女子一样的违背道德。这是你们私人读书享乐的事，横被家庭义务干涉，是想把真理学问献给你们的爸爸妈妈做敬礼。只因真理学问，似太渺茫，所以还是拿一张文凭具体一点为是。有人因为想要得文凭学位，每月可以多得几十块钱，使你们的亲卿爱卿宁馨儿舒服一点。社会对你们的父母亲说：你们儿子中学毕业读了三十本书，我可给他每月四五十元；如果再下二千元本钱，再读了三十本书，大学毕业，我可给他每月八九十元。你们的父母算盘一打，说"好"，于是议成，而送你们进大学，于是你们被称，拿文凭，果然每月八九十元到手，成交易。这还不是你们被出卖吗？与读书之本旨何关，与我所说读书之乐又何关？但是你们不能怪学校给你们称斤两，因为你们要向他拿文凭，学堂为保持招牌信用起见，不能不如此。且必如此，然后公平交易，童叟无欺，处于今日大规模制造法（Mass Production）之时期，不能不划定商品之品类（Standardization of Products），学问既然成为公然交易的商品，秀士、硕士、博士，既为大规模制造品之一，自然也不能不"划定"一下。其实这种以学问为交易之事，自古已然。子张学干禄：子曰"三年学，不至于谷，未易得也"。（关于往时"生员"在社会所作的孽，可参观《亭林文集·生员论》上中下三篇。）

到了这个地步，读书与入学，完全是两件事了，去原意远矣。我所希望者，是诸位早日觉悟，在明知被卖之下，仍旧不忘其初，不背读书之本意，不失读书之快乐，不昧于真正读书的艺术。并希望诸位趁火打劫，虽然被卖，钱也要拿，书也要读，如此就两得其便了。

（十九年十一月四日光华大学讲稿，《中学生》）

我的读书的经验

章衣萍

《读书月刊》编辑顾仞千先生要我写一篇文章,题目是"我的读书的经验"。这个题目是很有意义的,虽然我不会做文章,也不能不勉强把我个人的一点愚见写出来。

我幼时的最初的第一个教我读书的先生是我的祖父。我的祖父是一个前清的贡生,八股文、古文都做得很好。他壮年曾在乡间教书,后来改经商了,在休宁办了一个小学,他做校长。我的祖父是一个很庄重的人,他不苟言笑。乡间妇女看见都怕他,替他取下一个绰号,叫做:"钟馗"。我幼时很怕我的祖父,他教我识字读书,第一件要紧的事是读得熟。我起初念《三字经》,后来念《幼学琼林》,再后来念《孝经》《论语》《孟子》《大学》《中庸》等书。这些书小孩子念来,自然是没有趣味,虽然我的祖父也替我讲解。我的祖父每次替我讲一篇书,或二三页,或四五页,总叫我一气先念五十遍。我幼时记性很好。有时每篇书念五十遍就能背诵了。但我的祖父以为就是能背诵了也不够,一定要再念五十遍或一百遍，往往一篇书每日念到四百遍的。有一次我竟念得大哭起来。现在想来，我的祖父的笨法虽然可笑，但我幼时所读的书到如今还是很多能背诵的。可见笨法也有好用处。

我的第二个教我读书的先生是我的父亲。我的父亲是一个商人，读书当然不多。但他有一个很好的信仰，是"开卷有益"。他因为相信唐太宗这句老话，所以对于我幼时看书并不禁止。我进高等小学已经九岁，那时已读过许多古书，对于那些肤浅的国文教科书颇不满意。那时我寄宿在林宁潜阜店里，傍晚回店，便住店里找着小说来看：起初看的是《三国演义》，《三国演义》总看了至少十次，因为店里的伙计们没事时便要我讲三国故事，所以我不能不下苦功去研究。后来接着看《水浒传》《西游记》《封神传》《说唐》《说岳》《施公案》《彭公案》等书，凡在潜阜找得到，借得到的小说我都看。往往晚上点起蜡烛来看，后来竟把眼睛看坏了。

我的祖父教我读书要读得熟，我的父亲教我读书要读得多。我受了我祖父的影响，所以就是看小说也看到极熟，例如《三国演义》中的孔明祭周瑜的祭文（《三国演义》第五十七回），孔明的《出师表》（《三国演义》第九十一回）

怎样读书

以及曹操在长江上做的诗(《三国演义》第四十八回),貂蝉在凤仪亭对吕布说的话(《三国演义》第八回),我都记得很熟。所以有一次高小里生生出了一个题目是"致友书",我便把"度日如年"(貂蝉对吕布说的)的话用上了。这样不求甚解的熟读书,自然不免有时闹出笑话,因为看小说时只靠着自己的幼稚的理解力,有些不懂的地方也囫囵过去了。这是很危险的。读书读得熟是要紧的,但还有要紧的事是要读得懂。

我受了我的父亲的影响,相信"开卷有益",所以后来在师范学校的两年,对于功课不十分注意,课外的杂志新书却看得很多,那时徽州师范学校的校长是胡子承先生,他禁止学生做白话文、看《新青年》,但他愈禁止,我愈要看。我记得那时《新青年》上发表的胡适之、周作人、刘半农、沈尹默一些人的白话诗,我都背得很熟,我受《新青年》的影响,所以做白话文、白话诗,简直入迷,后来竟因此被学校开除。我现在所以有一些文学趣味全是我的多看书的影响;但我这些影响也有不好的地方,就是我个人看书到现在还是没有条理,多读书免不了乱读,乱读同乱吃东西一样,是有害的。

我十七岁到南京读书,在南京读了一年书后,胡适之先生到南京讲学,我去看他。我问他读书应该怎样读法?他说"应该克期"。克期是一本书拿到手里,定若干期限读完,就该准期读完。胡先生的话是很对的。我后来看书,也有时照着胡先生的话去做,只可惜生活问题压迫我,我在南京、北平读书全是半工半读,有时一本书拿到手里,想克期读完,竟不可能,在我,这是很痛苦的。现在,生活问题还没有解决,而苦痛的病魔又缠绕着我了。几时我才能真正"克期"去读书呢?

我的读书的经验如上面所说,是很简单的:第一,应该读得熟;第二,应该读得多;第三,应该克期读书。

我是一个不赞成现代学校制度的人,我主张"普遍的自由"(Universal Liberty),我曾说:

> 吾国自清代光绪变政,设立学校,同时年级制也输了进来,年级制是以教员为中心,以教科书为工具,聚智愚不同的学生于一级,不问学生的个性,使他们同时学一样的功课,在一个教室内听讲,聪明的人嫌教师讲得太慢。呆笨的人嫌教师讲得太快。聪明的人只得坐在课堂打瞌睡,看小说!混时间!等着呆笨的人的追赶,呆笨的人却整日整夜的忙着,连吃饭,睡

觉，如厕都没有工夫，结果还是追赶聪明人不上。所以有一次胡适之先生同我们一班小朋友说笑话，"你们也想进学校吗！我以为学校是为呆笨人而设的"。对呀，现在所谓年级制的学校，的确是为呆笨人而设的。一本陈文编的《算术》，聪明的学生只要两个月就演完了。学校里偏要教上一年半载，一部顾颉刚编的《初中国文》，聪明的学生只要半年就可读完了。学校里偏要教上三年四年。况且在同一时间内，一定要强迫许多学生听同样的枯燥无味的功课，所以有时教员正在堂上津津有味的讲"修身而后家齐。家齐而后国治，国治而后天下平"；学生的头脑里也许竟在想，"贾宝玉初试云雨情""景阳冈武松打虎"……

我是不赞成现在的学校制度的。现代的学校可以使学生得着文凭，却不能包管学生能不能得着学问。老实说：学校教育的用处，不过有几个教员，教学生读书读得懂而已。像上海滩上的一些野鸡大学，流氓教员，他们自己读书读得懂不懂还是一个问题。在今日中国有志读书的人，只有靠着自己，只有靠着自己去用功，学校是没有用处的。

有人说："自己读书，读不懂怎么办呢？"我说：

"可以去问懂得的人,你的朋友,你的亲戚,你的敬爱的先生。但不一定是在学校里的。"一切参考的书籍、字典,也可以帮助人们读书读得懂。

根据我的一点小小经验,给青年人——有志读书的青年人,进几条忠告:

第一,我以为读书应该多读,应该熟读,应该克期地读。

第二,我以为读书不懂便应该问朋友、亲戚、你所敬爱的先生,或是字典、参考书。读书应该每字每句都读懂,"不求甚解"是不对的。

第三,我以为今日中国有志读书人应该学通英文或日文,以作研究外国学问的工具,单读中国书,是不够的,我们应该多读外国书。

我的话虽然简单而且浅薄呵,希望对于有志读书的中国青年,有一点小小的用处!

余对于读书之经验

马寅初

余对于读书兴趣向极浓厚,因兴趣浓厚,故常讲求方法,可分八点述之:

(1)作息有时——余于读书与运动二者,每日均有定时,并非终日埋头书案,废寝忘食,专致于读书。亦非终日运动,不顾一切。盖读书过勤,不但无益,且足损害身体,故每于适可之程度而止。留存相当时间,以从事运动,庶于身心双方,俱能得健全之发展。

(2)跑山与冷水浴——余之运动有二项,最为重要,即跑山与冷水浴(即严寒时亦用冷水),是数十年如一日,每于清晨即起跑山,活动血脉,吸收新鲜空气,回后读书,精神加倍,晚间睡觉以前,必洗冷水浴,故虽读书至深夜,亦能鼾然睡去,无神经衰弱之弊,大有助于读书之成绩也。

(3)摘取精华——每读一书,必取其精华,不肯放弃,如觉此书有伟大价值,非终篇不肯释手,力不虚糜,颇足自慰。

（4）随时留意——与他人谈话，随时留意，如在立法院会议时，对各委员之谈话，均有亲手详细笔记，与实业界人士谈话亦然，盖皆专家经验之谈，颇足补予能力之所未及者。

（5）不堆积——今日之事必须今日为之，不俟至明日，其须多日方可成事者，亦必使此事做成后，方做他事，按部就班，不求躐进。

（6）利用机会——余因常往来于京沪杭三处，每年时间耗于车上者不少，颇觉可惜，因得养成在火车上亦能读书之习惯，故事务忙时尚能不致与书本绝缘，故在车上最不喜欢与他人谈话。

（7）立志——以上各点，虽皆不失为余读书之好方法，然根本要点，尚在立志，盖读书者当以读书为目的，不当以读书为求显达之手段。

（8）继续努力——志苟立矣，若无毅力以持之，则立于今旦者可弃于明日，立于今年者可弃于明年，虽立与不立等耳。余自回国以来，已二十一年矣，未曾放弃书包，自信未尝无相当毅力。准是以观，纵使因特殊关系，立法委员可以牺牲，大学教授绝不愿牺牲也。

（《文化建设》）

怎样读书

樊仲云

"怎样读书"是普通不过的题目,好像"怎样吃饭"一样,凡是读书的人大概没有不知道,例如眼到,口到,心到,手到,那已是老生常谈,用不着再说,即是怎样写笔记,怎样加线条记号等等,也都是众所共知的。所以这里,还是写一点我个人怎样读书的经验吧。

说也惭愧,我竟没有系统地读过什么书,这原因的一半由于尚是读书的年龄,就须为生活而劳动,没有整段的时间;一半则因为也没有如古人那样埋头研究的精神。我的读书,大抵是随自己一时的兴味,或者经了朋友的介绍而始动手的,所以普通的书我都浏览一过便算了事,只有觉得这本书在浏览之后值得重读的,于是不仅每段择其要点,加线、加圈,或者加点,且于书上将每段要点,也摘记下来。因为要摘取每段的要旨,使我对于所读的书,不得不有仔细的思索。因了这样一再的思索,于是全书读完以后,对于大体内容漏笔,读史地,甚至如阅报章杂志,最好同时能购一本地图，往往因地图的帮助，使我对于事实的理解与记忆，更为容易。尤其是读历史，要记住古代地名，颇费心力，倘能对着地图，以今证古，就很容易记着了。

又因服务书店之故，乃得时时到图书室中，翻阅我所要读的书，自然读不了多少，但是却给我认识了学海之浩瀚无涯，有不少的书，从目录序文的翻阅，到底也得了个大概。因此之故，使我觉得对于青年子弟，读书的机会也是很要紧的。现在图书馆已没有从前那样可以自由出入了，但为了要扩大对于图书的认识，于是只好常到中外的书店中翻阅图书，这成为如看电影样的一种消遣，有时遇到好书，便估量我的经济买了回来。然而遇到囊中空空的时候，虽有好书，只好恋恋不舍地走开，那时在感情上可真难受呢。

至于读外国文，我的经验大概是这样：因为我对于英文日文，都是出于自修，而我当时的目的，因旨在看书，所以发音怎样我是不大顾到的，甚至作文，我也置之不顾，我的用意，只求能明白文句的真义，但欲明白真正的意义单是认识生字，讲解句子，还是不够，我须借此来练习我的翻译，这使我对于一字一句都有仔细思索寻味的机会。我所读的，大抵是英文而有日文译注的文学作品，因此，我得由日文以解释英文,由英文以理会日文,从两方面的比较对照,认取其意义所在。我颇想以此方法,自修德文,但是上了三十的年纪,虽然时间可以抽得出来,而少年时那种读书的精神却大减了,结果德文还是不得其门而入。由此可知读书在"怎样读书"以外,还得有读书的精神才是。

对于读书问题的我见

江问渔

我读书虽然数十年,毕竟还是一个大门外汉,以一个门外汉,来研究门内事,当然很困难的。可是古人说过:"我非智者,而爱智者。"我也有同样的说法:"我非学者,而爱读书。"现在且把我对于研究读书问题的一些心得,分三点来说一说。

一 为什么读书

这个说法,似乎很离奇,比如有人问:"为什么吃饭?"这不是和"为什么读书"一样吗?这却是很难回答。但仔细一想,也有些道理在里面。为什么读书?我的答案,是"为学做人而读书"。有人要说是为文凭而读书,这当然是绝对错误了。为求学问智识而读书,为谋职业而读书,虽然有一部分理由,但仍未免把读书的价值,看得太低。所以我要说"为学做人而读书"。我不敢说这个答案,一定就对，因为不读书的人，也有会做人的啊。但是，我可再答一句说："不读书的，且会做人；那末，读书的，不更应该会做人么？"

继此，再进一步，来研究怎样去做人罢！我以为要做人，要做一个好人，一定要具有次例三个条件：

（1）优良的品性；（2）丰富的知识；（3）应变的才能。

这三个条件，缺一不可，一定要把这三件，完备起来，且融会贯通起来，才能成为好人。倘若缺了两件，固然不行，就是缺了一件，亦复不可。若三样没有，那末便如古人所说"不为圣贤，便为禽兽"了。本来三件都不全的人，便可以说和禽兽差不多。盖有了知识，还得要有善良的品行，去统御他；知识原是空的，没有才能，也无从运用啊。所谓才能，就是应付困难的能力。中国被外人压迫，说没有法子，这便是没有才能的表示。要做一个好人，要从读书入手，其目的就是为借读书的作用，来增加知识，锻炼才能，矫正品性。但是现在到处都看到书呆子，知识虽很丰富，差不多什么都知道，可是遇事却无应付方法。这就是因为他"只知为求知识而读书，不是为学做人而读书"的缘故啊！

若是具体的说来，究竟什么样的人，才能算是好人呢？我以为要分两层来说：

对于读书问题的我见

（一）就主观上说，要得着圆满的生活——个人的感觉；

（二）就客观上说，要有益于社会人群——事实的表现。

圆满的生活，到底又是什么呢？一班阔佬，洋房、汽车，什么都有，衣食住，是非常舒服，在普通人看起来，总以为这就是圆满生活了。但是就客观上讲，他的行为，是往往夺人之利以为己利，算得有益于人群么？所以圆满的生活，绝不是在物质上的享受，而是在精神上的发展。

孔子说："食无求饱，居无求安。"又说："士志于道，而耻恶衣食者，未足与议也。"他老先生的说话，大概是不会错罢！他是一向赞美"衣敝缊袍，与衣狐貉者立而不耻者"的子路，"箪食瓢饮不改其乐"的颜渊的，那末，他的用意，也就可以推知了。欧洲有一位哲学家，也曾经说过这样的话："我宁愿做一个终身穷苦的苏格拉底，不愿做一个快乐的猪。"这是什么意思呢？骤然听了似乎有点令人怀疑。其实，这就是他感觉着"圆满生活已经得着了"的表示啊。如我国宋代的文天祥，被元朝捉去后，关在狱中，他还作《正气歌》，一无忧虑之色，那末，他的泰然自得，也就是他得着圆满生活的表示啊！由此可以证明，生活的圆满，是有时离开物质超过物质，也纯粹在于个人人格的发展。盖他能为社会谋福利，他能决心杀身成仁，能舍生取义而不悔，人格之所以伟大者在此，感觉到得着圆满的生活也在此。而以肉体虽死而他的精神永久不死。因为他是"先天下之忧而忧，后天下之乐而乐"，他是终身奔走，为社会人群服务，认定必如此，才算尽了做人的责任。

不过人人都能"先天下之忧而忧，后天下之乐而乐"么？这当然是不可能的，因为一部分人，还没有因读过书，而得着修养，还未必皆明白做人之道，所以智识高的，才力强的，应该对于国家社会，多尽一点责任；地位高的，更应该对于国家社会多尽一点责任。

现在再来研究研究"做人的根本，究竟是什么"。做人的根本，恐怕是"为求生"罢！说起求生，种类也很多了：乞丐的讨钱，是求生；奸商的骗钱，是求生；谋职业也是求生；慈善家赈济饥民，是求多数人的生。孙中山先生奔走呼号，首创革命，是谋全民族的生。同一求生，而范围的大小，行为的邪正，迥乎不同了，因为求自己的生，而妨碍他人的生，当然是罪恶；牺牲个人而谋大众的生，这才能算是道德。为求生而表现出道德之行，这便是一个做人的最大标准，千千万万不容忽视，因此又要说到中国一向德目中所列的"仁义"二字了。因为这两个字，是和读书学做人，有极密切的关系啊！

"仁"字的意义：（一）二人为仁，是社会的起源，所以仁字含有社会的意义。（二）我们吃的瓜子，叫瓜子仁，杏核有杏仁，为什么这些东西都叫仁呢？这是表示仁在土中，能渐渐发育成长，所以仁又含有生机的意思。（三）我们说"麻木不仁"，也就是"麻木不动"，所以仁又有流动活动的意义。（四）仁者爱人，这是普通的解释，就是所谓博大的同情心。所以"仁"实含有四种意义：（一）社会的结合，（二）生机成长，（三）活动不息，（四）博大的同情心。

"义"字的意义，是以个人为立场的，认为需要的、应当的，就做；反之就不做，要具有"富贵不能淫，贫贱不能移，威武不能屈"的精神，他是和仁的德行相辅相助的。

无论新的、旧的道德学，关于仁义的德行，皆是特别注重的，我们不读书，不学做人则已，要读书要学做人，我以为一定要依据仁义，以求得圆满生活。那末，对于第一点，"为什么读书"的问题，我的答案，道"读书是为学做人"，也就可以明白了。

二　书是什么

爱迪生发明许多东西，并不是纯由读书得来的；达尔文的许多优生学上的贡献，是从研究小动物得来的。现在一班学者在实验室里所做的工作，在社会上所做的调查，并不是读书，但是也可以说是读书。

那末，"书"究竟是什么东西呢？有人说，书是以文字图画表示，订成本子的东西。但是这个答案，不能算十分对。我说书可以分做广义的和狭义的，抽象的和具体的多种。孔子说："三人行，必有我师焉。"因为三人中，除我外，其他二人，皆可以告诉我一些不知道的东西，那末，这就无异于读书了。这可说是"广义的书"。所以就广义的书来讲，地上万物，都是书，即考古家掘得了地下古物，也是书。陶渊明写信给他儿子，教他儿子善待仆人，说："彼亦人子也。"这句话，后人读了，受到感动，改善了他的行为，增加了做人的学问，这固然可说是"具体的书"；但如释迦牟尼因为看见了死人的痛苦，就厌恶了世界上生老病死，而决心出家，这死人，便可说是释迦牟尼所读的"抽象的书"。

现在我既解释了什么是书，并且认定了读书，是为学做人，似乎读书的功用，可以明白了。若专来说做人哩，我以为，应有下面的六套功夫：（一）读古人书，（二）受师友训导，（三）观察事件，（四）验之于行事，（五）反省，

（六）记载。这也可说是一种"读活书的办法"。本来名人遍天下，我们又何必专靠已死的古人呢？只靠书本，一定不够用，离开具体的书本，抽象的书多得很哩。广义的与抽象的书，比狭义的与具体的书，实在的重要的许多。所以我说："书不仅是具体的一本一本读物。凡是各种事物，都可以做我们的书。"

以上所说，是我对于书的意见和解释。

三　怎样读书

如此说来，书的范围，未免太广漠了。现在我再要缩小范围，就具体的狭义的书，来研究一下罢！

（一）读书的步骤：

1.读书的时候，要注重书的选择：

（1）审明内容是否为我所需要。（2）配合时间，是否能在一个定期内读完。

2.读书的时候，要决定怎样读法：

（1）哪些需要精读。（2）哪些需要略读。

3.读完以后，要作几种重要的工作：

（1）做表解——分析书中内容，阅之一目了然。（2）摘录——摘录书中要点。（3）评论。

（二）读书有三戒：

1.戒盲读　不加选择，一会儿看这类，一会儿看那类，徒耗时间，一无所得。2.戒浪读　虽经选择，而不确定目标，且忽作忽辍。3.戒死读　不反省，不详察，不求与事实相考证。

（三）读书有四要：

1.要与物的观察相印证。2.要与事的体验相融合。3.要配合目的、时间和需要。4.要思学合一。

为什么读书？书是什么？怎样读书？这三点总算略略说过了。我仅把我的一点心得，简单说出，实在浅陋得很！此外，还有一件与读书问题有关的，便是"写日记"。近代成功人，可以说没有一个不靠"日记"的。因为读过的书，有紧要的地方，记了下来，虽是段言片语，也可以终身用之而无穷。还有时人名言，及个人感想，日久易忘的，也必须要把他记载下来。如此日子愈多，材料愈富，经验也就不断增加了。最后一点，我以为要研究读书问题，同时，应该明确认定，我在此时对于国家，对于民族，应该负了什么责任！

（《教育杂志》）

读书方法

潘仰尧

职业和读书,很有密切的关系,古语有云:"仕而优则学,学而优则仕。"我从前读到这两句话的时候,到后来在服务时,觉得这两句话,是非常有价值的,今天在座的诸位,有的在职业界里工作,有的在社会上服务,都认为读书是一个很大的问题,但为甚么要读书呢?读书无非是改进我们职业,我们要知道职业的训练,非要从书本上找不可。所以,要读书,兄弟说读书有三种的作用:

第一,读书可以替我们解决一切的难题,及应付社会上一切的事情,这是读书的第一个作用。

第二,读书可以增进职业上许多的智识,使得做起事情来,可以增进我们的效能,做事情也就容易成功,这是读书的第二个作用。

第三,读书可以使得精神愉快,身体不觉得疲倦,这是读书的第三个作用。

所以读书的作用:(一)解决一切的难题;(二)增进我

们的效能；（三）使精神愉快。

现在社会上，人事一天复杂一天，报纸上常常有自杀的记载，现于吾人的眼前，但造成自杀的动机，大概有下列原因：

（一）求进太速　一般人往往在职业的地位上，求进的心太速，看人家的地位高，薪俸加，我为什么现在仍旧是如此，因之态度就渐趋变为消极了，古人有云"欲速则不达"，这句话是何等有价值的啊！因为人家能够地位高，薪俸加，也要经过许多年数的辛苦，去换来的，并非一件容易的事情，所以起初服务于社会上的青年，求进的心，不应该太速。

（二）希望太奢　现在有一班人，尤其是学校里的学生，希望心格外奢，以为我毕业之后，地位一定要这样高才可以，薪俸一定要那样多才可以，非此不可，欲以不劳而获；其结果，只会失败，不能成功，由失败态度就变为消极，由消极而跑到自杀服毒的路上去了。

要知道无论哪一件事，都不是容易做好，我们要满足我们所做的事情，对思想要彻底忠实，精神要刻苦耐劳，这样，我们所做的事情，件件都是美满的，件件都是成功的。孔子有几句话，就是"其为人也，发愤忘食，乐以忘

读书方法

忧，不知老之将至"，青年人，也应当要有这样努力精神才好，还有孔夫子说颜回的一段话："贤哉回也！一箪食，一瓢饮。在陋巷，人不堪其忧，回也不改其乐，贤哉回也。"这几句话，是多么高尚呀！诸位能在《论语》这一部书上，下一番工夫去研究，自然可以得着许多的好处。讲到为甚么读书，可以增进职业上的知识，及增进工作的效能；社会上的事，真是无奇不有，我们如果常常读书，那末有许多事情，我们所不晓得的，书本上可以明白指导我们，应该怎么去做，还有我们在工作后休息时，觉得精神很疲倦，身体很辛苦，但要用甚么方法来安慰我们，使得精神不疲呢？唯一的方法，就是看书，看有益的书。我有一次，同蔡元培老先生，到邓尉去看梅花，时在严冬，很冷的天气，留恋了许久时光，蔡先生虽然是年纪五六十岁的老先生，但他的精神，是一点不倦的，我就问蔡先生：为甚么你的精神有这样好，一点儿不觉得疲倦？蔡先生就应道："我是由修养上得来的，对于烦恼的事务，一概摒除，并且时常阅览美术书画及金石等。"蔡先生的精神有这样好，我想的确是由修养得来的，讲到这里，如果要问应该去读哪一种书呢？像我们中国的书，经、史、子、集，真是"汗牛充栋"的了。据我想起来，只要适合我们的需求，从本人所欢喜读哪一种，就读哪一种，我们的读书，是为读书而读书，所以书本不在于多，而在于熟。我们如果读到一段很有价值的话，读后恐脑筋忘记，就应该用笔把它抄出来，暇时依旧可以再读，这也是读书的一个方法。此外，关于读书方法，有四个最要紧的：

（一）深入　我们看一部书，应该很深刻很细心地去研究书的内容，然后自然而然会有心得，好像嚼橄榄一样，嚼到后来，越嚼越有味的样子，所以第一要深入。

（二）怀疑　我们看书一定要用怀疑态度去看，从前明朝有一位学者，名崔述，他年少读书时，有一天读到《千字文》上"天地元黄"一句[1]，就问他的先生说，为甚么天是元色的，地是黄色的？他的先生就答应不出话来了。又有一次，读朱子所解注的四书，就问先生说，孔夫子是甚么时代的人？先生就说是春秋时候的人。又问朱子是甚么时代人，答应说是宋朝人。他就再问先生道，既然孔子是春秋时的人，朱子是宋朝人，两人相隔有一千多年，那末朱子怎么样可以知道孔子的事呢？他的先生被他问得无言

---

[1]《千字文》起首四字"天地玄黄"或"天地元黄"，不同版本中皆有使用。——编者注

可答了。他从小读书就有这样怀疑，所以后来也就成为一代有名的学者，为人所尊崇了。所以读书第二要怀疑。

（三）虚心　有许多人，无论是读书或做事，往往看先生是怎样，也跟他怎样，一点没有虚心，《论语》有一段说得很好："子使漆雕开仕，对曰：'吾斯之未能信。'"孔子叫漆雕开去做官，他很虚心地答应道，我恐怕没有做官的能力啊，孔子还有说："……有鄙夫问于我，空空如也，……"这就是虚心的，如我们读书能够这样地虚心，就可以得着许多的益处呀。

（四）耐烦　我们无论去做哪件事，总要不畏烦，不畏难，我们一定将我的全力去干。譬如说"登东山而小鲁，登泰山而小天下"，这就是起初肯忍耐，到山巅时，才知道"小鲁""小天下"了，所以读书也要这样地耐烦。

除了这四种之外，读书还有四忌：

（一）忌粗疏　我们无论是读书或做事，都应该要细心，切不可以马马虎虎的。

（二）忌空泛　读书是增进我们的智识，所以应当要脚踏实地地去做，不可有空泛的思想存在。

（三）忌盲从　中山先生说："学古人而不为古人戚"，"用古人而不为古人奴"。意思就是说，不要以为从前时代的人所干的，件件都是对的，但也有拿到现在来，也有不适用的。读书应以我为主体，以书为客体，不能以我为客体，以书为主体，这就是读书的方法。中山先生一向都是革命，连读书方法，也起革命了，最要紧的，就是对一件事，不要跟人家瞎跑，所以要忌盲从。

（四）忌武断　我们有事情的时候，不要一定指定说是这样的，譬如有一只鹿，如果很武断地指它为马，明明白白是一只鹿，而说是马，这是不对的。我们对于一种问题，应该用科学的方法来研究，这样那末所得的益处很多了，所以要忌武断。

综上言之，我说读书有四要：（一）要深入；（二）要怀疑；（三）要虚心；（四）要耐烦。除了四要之外，读书还有四忌：（一）忌粗疏；（二）忌空泛；（三）忌盲从；（四）忌武断。

以上所讲的，依兄弟读书的心得，贡献与诸位作参考，不过各人的见解有不同，还是要请诸位自己去研究，今天兄弟所讲的，有不对的地方，希望诸位指教。

读书与兴趣

杨卫玉

读书是人人认为重要的工作,但是未必人人肯读,人人能读,更非人人会读。所以能读而不肯读,固然不合,肯读而不会读,也是无用。吾所谓会读,就是要懂得读书的方法,认识读书的意义,无方法无意义的读书,所获的效力很微的。现在一般人的读书,大概都有一种目的,分析起来,有为觉世济民的,有为功名利禄的,有为应用的,有为修养的,有为欣赏的,有为学业的。表面看起来,似乎都有正当充分的理由,一言以蔽之,他们的读书都是"有所为"而读的。吾以为"有所为"而读书,不是真读书,是以读书为工具,为手段,而用以达其别种目的。等于学生为毕业证书而求学,著作家为版权而著书,当然也有例外,但是至少一部分人等到目的达到,就把工具搁置了。这样的读书至多在智识方面增加一些资料,去读书之真义很远。真学问者为学问而学问,真读书者也应为读书而读书,也就是"无所为"而读书。凡做事"无所为"而为的，必对于其事有深切之了解，浓厚之兴趣。有"终生以之"的决心，有"不可须臾离也"的情绪，那末可以达到成功之境，并且可以使他生活愉快而富于意义。小孩子为游戏而游戏，虽汗流浃背，还是"乐此不疲"，假使上了学为分数而体操，他的情绪就不是这样了，读书也是如此。假如为了什么而读书，达到目的以后，对于读书的兴趣要渐渐地淡了，达不到目的，也要渐渐地灰心起来了。因此吾以为读书不应该夹杂其他目的，若是问为什么要读书，就答他为读书而读书。话虽如此，要大家明白这道理也不是容易的，所以唤起读书兴趣，是提倡读书最好的方法。

兴趣是人生生活中最重要的条件，所谓"努力""向上""进取""奋斗""勤勉"等等的美德，都需要兴趣做基础。据心理学家言，兴趣是一种情感作用，人们从事一种工作，虽耗精力而能感觉快乐与安慰，愿为而不怨为，这就叫做对于这件工作有兴趣。古人所谓"读书最乐"，又有所谓"书中自有黄金屋""书中自有颜似玉"等，都是形容读书的乐趣，假如没有培养读书的兴趣，就领会不到这样的乐处，这是显而易见的事实。有人说人们从事一种工作，怎样才可以发生兴趣是勉强不来的，假如某种工作和他个性不适合，或是不合需要，结果必不能发生兴趣。读书固

读书与兴趣

然人人需要，但是不指示读书之目的，他不感觉需要，怎样可以引起他读书的兴趣呢？此说当然也有一部分理由，但绝不是绝对的。假使人们的兴趣，果然完全是天赋而非环境或其他方法所能转移的，我们对于教育的功能，就要发生很大的疑问，至少可以说教育的功能是有限度的。大概教育学者不会承认吧！所以我们可以深信兴趣固然由于天赋，而环境和教育的力量也非常之大，可以转移，只要转移的方向和他天赋的个性不至太相悬殊罢了。从几千年人类遗传的历史看起来，读书应该人人知道需要，人人具此天性，所缺少的未必人人对于读书有兴趣，吾们应该以教育的力量造成读书的环境，使人人不但不以读书为苦，而以为乐；不以读书为工具手段，而以为生活需要，那末读之风自盛，而读书之效用亦在其中了。

（《教育杂志》）

读书实验

李公朴

这是我十一月五日在尚文路江苏省立实验小学的讲演词,由童常君笔记下来,经我增删过的。

诸位天天到学校里来,一定知道是来求读书,是来求知识的。但是怎样求得的呢?有了知识应怎样运用呢?求知识的目的是什么呢?这些问题在诸位脑子里是很少想到的吧。

知识是怎样求得的呢?单靠书本吗?绝不是的。贵校名为实验小学,我们从这个名字可以看出求知识单靠书本是不行的,应当把实验与读书结合起来,才能求得知识。我今天就是拿"实验的读书"作为题目和大家讨论。

有了知识怎样运用呢?学校的生活是社会生活的一部分,是诸位将来在社会上做人、做事和改造社会的准备时期。所以在学校里读书的时候,就应当从这三方面去实验,在这实验中,所以知道所求的知识是否正确,又可以从实验中获得更新的知识。要把自己锻炼成一个有道德有能力而且能担起改造社会的责任的人，这样的读书才能算是实验的读书。这才是读书的真目的，现在分三方面来说说吧：

一、做人与读书　人和其他动物不同的地方，就是因为人能够自己知道求做人的方法。其他动物是完全没有这种智能的。譬如马经过人的训练能拉车，牛经过训练能耕田，但马和牛没有人去驾驶是不会自己去拉车、去耕田的。人就不同了。当先生在讲台上教你们的功课，你们不仅可以听、可以讲，也可以和先生讨论；图画教员教你们画画，你学会了，只要自己努力，甚至可以比教员画得好些。所以做人不是和牛马一样，只是顺应环境、屈服环境，人是能够自动地积极地去认识环境、改造环境。诸位在读书的时候，就应当从认识环境和改造环境两方面实验起来。在社会上可以做一个明了时代和改造社会的人。从来有许多人总认为物理化学的知识才可以实验，做人的学问不能实验。这是完全错误的。

二、做事与读书　有许多人以为读书很多就是有学问，就能做事，其实这是不尽然的，所谓学问必须是能知能行，而且是正确的知，正确的行，才能算是真学问。能知不能行的人，固然是与蛀书虫没有什么区别，所以所行都是不正确的，那于人、于事、于社会都是没有裨益的。要想达到正确的知，正确的行，就应当把求得的知识在日常生活中实验起来。譬如化学上讲氢二氧 H_2O 化合可以变成水，这个知识在实验室中可以证明的。我们知道水是可以用人工构造出来的，那么做事的时候绝不会做出什么"张天师设坛求雨"和"喇嘛念经求雨"的迷信的行为，而明白人类可以用科学的方法来抵抗天灾了。所以一个人读书如果不能在做事上实验起来，纵然能称"学富五车"或"十载寒窗"，也只能博得一个"书生"的名气，做起事来，还是一个糊涂虫。

三、求进步与读书　我们生存在社会中，做人做事是要常常遇着种种障碍和困难来阻止我们、摧残我们。当我们遇着这些困难的时候，我们怎样才能扫除各种困难达到做人做事成功的目的呢？我觉得一方面要有知识，多一分知识就多一分解决困难的能力。同时要有求进步的决心，只有人类这种决心才能把历史和社会推向前进。怎样才是求进步的决心呢？第一，要有不怕失败的精神。譬如初学骑脚踏车的时候，一定有跌破皮、跌破衣的痛苦，才能把脚踏车学会。假若在未学之先，就害怕这些痛苦和失败，那一定是学不会的。孙中山先生革命事业的成功，是经过了十一次失败和牺牲，才达到推翻君主专制的满清、建设民主共和国家的目的。总之，无论做人做事，若有了怕失败怕困难的观念，一定是不会成功，也一定是没有进步的。第二，要有创造的精神。中国人是很缺乏这种精神的，不但缺乏这种知识，而且常要压制这种精神。诸位小朋友在家里的时候，你的父母是不是常常不问你高兴不高兴或你的行动对不对，他总是不准你做这样、不准你做那样的。在社会上也可以看见禁止这样、禁止那样，所以十几年来把中国玩得死气沉沉，没有一点进步的现象，这都是由于一般青年没有了创造的精神。要知道宇宙间的现象和社会间的事理，是要我们随时随地去创造、去发现，才能改造社会，社会才有进步。拿政治的主张说，中国人总是人云亦云。这种抄袭的方法是没有用的。但我们对于这些东西也用不着惊讶，奇怪。一个主义和学说的发生是有它的社会背景的。苏联的共产主义无论好坏，但是他们有计划的集团的生产使其国内建设的成功，外交上的成功，这是谁也不能否认的。总之，我们应当取人的长处，不要学人的短处，要创造一个适合中国社会的方法，把中国民族的危亡挽救过来。我们要使中国进步，不能永久停滞在次殖民地的状态中。诸位在读书的时候，就要有不怕吃苦和创造的精神,养成求进步和改造社会的能力。

现在我的话已经说完了,总括地说一句,实验的读书就是把读书与做人、做事和求进步三件事结合起来,才是真正的读书,才能求得真正的知识。

(《读书生活》)

谈读书

朱光潜

朋友：中学课程很多，你自然没有许多时间去读课外书。但是你试抚心自问：你每天真抽不出一点钟或半点钟的工夫么？如果你每天能抽出半点钟，你每天至少可以读三四页，每月可以读一百页，到了一年也就可以读四五本书了。何况你在假期中每天断不会只能读三四页呢！你能否在课外读书，不是你有没有时间的问题，是你有没有决心的问题。

世间有许多人比你忙得多。许多人的学问都在忙中做成的。美国有一位文学家、科学家和革命家弗兰克林，幼时在印刷局里做小工，他的书都是在做工时抽暇读的。不必远说，你应该还记得孙中山先生，难道你比那一位奔走革命席不暇暖的老人家还要忙些么？他生平无论忙到什么地步，没有一天不偷暇读几页书。你只要看他的《建国方略》和《孙文学说》，你便知道他不仅是一个政治家，而且还是一个学者。不读书能讲革命，不知道"光"的所在，只是窜头乱撞，终难成功。这个道理，孙先生懂得最清楚的。所以他知学说特别重"知"。

人类学问逐天进步不止，你不努力跟着跑，便落伍退后，这个不消说。尤其要紧的是养成读书的习惯，是在学问中寻出一种兴趣。你如果没有一种正当嗜好，没有一种在闲时可以寄托你的心神的东西，将来离开学校去做事，说不定要被恶习惯引诱。你不看见现在许多叉麻雀、抽鸦片的官僚们，绅商们乃至于教员们，不大半由学生出身么？你慢些鄙视他们，临到你来，再看看你的成就罢！但是你如果在读书中寻出一种趣味，你将来抵抗引诱的能力比别人定要大些。这种兴趣你现在不能寻出，将来永不会寻出的。凡人都越老越麻木，你现在已比不上三五岁的小孩子们那样好奇、那样兴味淋漓了。你长大一岁，你感觉兴味的锐敏力便须迟钝一分。达尔文在自传里曾经说过，他幼时颇好文学和音乐，壮时因为研究生物学，把文学和音乐都丢开了，到老来他再想拿诗歌来消遣，便寻不出趣味来了。兴味要在青年时设法培养，过了正当时节，便会萎谢。比方打网球，你在中学时欢喜打，你到老都欢喜打。假如你在中学时代错过机会，后来要发愿去学比登天还要难十倍，养成读书习惯也是这样。

你也许说，你在学校里终日念讲义、看课本不就是读书吗？讲义、课本着意在平均发展基本知识，固亦不可不读。但是你如果以为念讲义、看课本，便尽读书之能事，就是大错特错。第一，学校功课门类虽多，而范围究极窄狭。你的天才也许与学校所有功课都不相近，自己去在课外研究发见自己性之所近的学问。再比方你对于某种功课不感兴趣，这也许并非由于性不相近，只是规定课本不合你的口味。你如果能自己在课外发见好书籍，你对于那种功课也许就因而浓厚起来了。第二，念讲义、看课本，免不掉若干拘束，想借此培养兴趣，颇是难事。比方有一本小说，平时自由拿来消遣，觉得多么有趣，一旦把它拿来当课本读，用预备考试的方法去读，便不免索然寡味了。兴趣要逍遥自在地不受拘束地发展，所以为培养读书兴趣起见，应该从读课外书入手。

书是读不尽的，就读尽也是无用，许多书都没有一读的价值。你多读一本没有价值的书，便丧失可读一本有价值的书的时间和精力；所以你须慎加选择，你自己自然不会选择，须去就教于批评家和专门学者。我不能告诉你必读的书，我能告诉你不必读的书。许多人尝抱定宗旨不读现代出版的新书。因为许多流行的新书只是迎合一时社会心理，实在毫无价值。经过时代淘汰而巍然独存的书才有永久性，才值得读一遍两遍以至于无数遍。我不敢劝你完全不读新书，我却希望你特别注意这一点，因为现代青年颇有非新书不读的风气。别事都可以学时髦，唯有读书做学问不能学时髦。我所指不必读的书，不是新书，是谈读的书，是值不得读第二遍的书，走进一个图书馆，你尽管看见千卷万卷的纸本子，其中真正能够称为"书"的恐怕又难上十卷、百卷。你应详读的只是这十卷、百卷的书。在这些书中间，你不但可以得较真确的知识，而且可以于无形中吸收大学者治学的精神和方法。这些书才能撼动你的心灵，激动你的思考。其他像《文学大纲》《科学大纲》以及杂志报章上的书评，实在都不能供你受用。你与其读千卷万卷的诗集，不如读一部《国风》或《古诗十九首》，你与其读千卷万卷谈希腊哲学的书籍，不如读一部柏拉图的《理想国》。

你也许要问我像我们中学生究竟应该读些什么书呢？这个问题可是不容易回答。你大约还记得北京《京报副刊》曾征求"青年必读书十种"，结果有些人所举的十种尽是几何、代数，有些人所举的十种尽是《史记》《汉书》。这在旁人看起来似近的滑稽，而应征的人却各抱有一番大道理。

本来这种征求的本意，求以一个人的标准做一切人的标准，好像我只欢喜吃麦，你就不能吃米，完全是一种错误见解。各人的天资、兴趣、环境、职业不同，你怎么能定出万应灵丹似的十种书，供天下无量数青年读之都能感觉同样趣味，发生同样效力？

我为了写这封信给你，特地去调查了几个英国公共图书馆。他们的青年书品部最流行的书可以分为四类：（一）冒险小说和游记；（二）神话和寓言；（三）生物故事；（四）名人传记和爱国小说。就中的代表的书籍是幽尔汛的《八十日环游世界记》（Jules Verne: *Around the World in Eighty Days*）和《海底两万里》（*Twenty Thousand Leagues Under the Sea*），德孚的《鲁滨孙飘流记》（*Robinson Crusoe*），仲马的《三剑客》（*Three Musketeers*），霍爽的《奇彩》和《丹谷闲话》（Hawthorne: *Wonder-Book, Tanglewood Tales*），金斯莱（Kingsley）的《希腊英雄传》（*The Heroes*），法布尔的《鸟兽故事》（Fabre: *Story Book of Birds and Beasts*），安徒生的《童话》（Anderson: *Fairy Tales*），骚德的《纳尔逊传》（Southey: *Life of Nelson*），房龙的《人类故事》（Vanloon: *The Story of Mankind*）之类。这些书在外国虽流行，给中国青年读却不甚相宜。中国学生们大半是少年老成，在中学时代就欢喜像煞有介事地谈一点学理。他们——你和我自然都在内——不仅欢喜谈谈文学，还要研究社会问题，甚至于哲学问题。这既是一种自然倾向，也就不能漠视，我个人的见解也不妨提起和你商量商量。十五六岁以后的教育宜注重发达理解，十五六岁以前的教育宜注重发达想象。所以初中的学生们宜多读想象的文字，高中的学生总应该读含有学理的文字。

谈到这里，我还没有答复应读何书的问题。老实说，我没有能力答复，我自己便没曾读过几本"青年必读书"，老早就读些壮年必读书，比方在中国书里，我最欢喜《国风》《庄子》《楚辞》《史记》。《古诗源》，《文选》中的《书笺》，《世说新语》《陶渊明集》《李太白集》《花间集》，张惠言《词选》，《红楼梦》等等。在外国书里，我最欢喜溪兹（Keats）、雪莱（Spelly）、考老芮基（Colerideg）、白朗宁（Browning）诸人的诗集，苏菲克里司（Sophocles）的七悲剧，莎士比亚的《哈孟列德》(*Hamlet*)、《李耳王》(*King Lear*)和《奥塞罗》(*Othello*)，哥德的《浮士德》(*Faust*)、易卜生的戏剧集、杜格涅夫的《新田地》(*Virgin Soil*)和《父与子》(*Fathers and Children*)、妥斯套夫斯克的《罪与罚》(*Crime and Punishment*)、福洛伯的《布华重夫人》

（*Madame Bovary*）、莫泊桑的小说集、小泉八云关于日本的著作等等。如果我应北京《京报副刊》的征求，也许把这些古董洋货捧上，凑成"青年必读书十种"；但是我知道这是荒谬绝伦。所以我现在不敢答复你应读何书的问题。你如果要知道，你应该去请教你所知的专门学者，请他们各就自己所学范围以内指定三两种青年可读的书。你如果请一个人替你面面俱到的设想，比方他是学文学的人，他也许明知青年必读书应含有社会问题、科学常识等等，而自己又没甚把握，姑且就他所知的一两种拉来凑数，你就像问道于盲了。同时，你要知道读书好比探险，也不能全靠别人指导，你自己也须得费些工夫去搜求。我从来没有听见有人按照别人替他定的"青年必读书十种"，或"世界名著百种"书读下去，便成就一个学者，别人只能介绍，抉择还要靠你自己。

关于读书方法，我不能多说，只有两点须在此约略提起：第一，凡值得读的书至少须读两遍。第一遍需快读，着眼在醒豁全篇大旨与特色。第二遍需慢读，须以批评态度衡量书的内容；第二，读过一本书，须笔记纲要精彩和你自己的意见。记笔记不特可以帮助你记忆，而且可以逼得你仔细，刺激你思考。记着这两点，其他琐细方法便用不着说，各人天资习惯不同，你用哪种方法收效较大，我用哪种方法收效较大，不是一概论的。你自己终久会找出自己的方法，别人绝不能给你一个方单，使你可以依法炮制。

你嫌这封信太冗长了罢？下次谈别的问题，我当力求简短。再会！

你的朋友，光潜

(《给青年的十二封信》)

我的苦学经验

丰子恺

我于一九一九年,二十二岁的时候,毕业于杭州的浙江省立第一师范学校。这学校是初级师范。我在故乡的高等小学毕业,考入这学校,在那里肄业五年而毕业。故这学校的程度,相当于现在的中学校,不过是以养成小学教师为目的的。

但我于暑假时在这初级师范毕业后,既不作小学教师,也不升学,却就在同年的秋季,来上海创办专门学校,而作专门科的教师了。这种事情,现在我自己回想想也觉得可笑。但当时自有种种的因缘,使我走到这条路上。因缘者何?因为我是偶然入师范学校的,并不是抱了作小学教师的目的而入师范学校的。(关于我的偶然入师范,现在属于题外,不便详述。异日拟另写一文,以供青年们投考的参考。)故我在校中只是埋头攻学,并不注意于教育。在四年级的时候,我的兴味忽然集中在图画上了。甚至抛弃其他一切课业而专习图画,或托事请假而到西湖上去作风景写生。所以我在校的前几年，学期考试的成绩屡列第一名，而毕业时已降至第二十名。因此毕业之后，当然无意于作小学教师，而希望发挥自己所热衷的图画。但我的家境不许我升学而专修绘画。正在踌躇之际，恰好有同校的高级师范图画手工专修科毕业的吴梦非君，和新从日本研究音乐而归国的旧同学刘质平君，计议在上海创办一个养成图画音乐手工教员的学校，名曰专科师范学校。他们正在招求同人，刘君知道我热衷于图画而又无法升学，就拉我来帮办。我也不自量力，贸然地答允了他。于是我就做了专科师范的创办人之一，而在这学校中教授西洋画等课了。这当然是很勉强的事。我所有关于绘画的学识，不过在初级师范时偷闲画了几幅木炭石膏模型写生，又在晚上请校内的先生教些日本文，自己向师范学校的藏书楼中借得一部日本明治年间出版的《正则洋画讲义》，从其中窥得一些陈腐的绘画知识而已。我犹记得，这时候我因为自己只有一点对于石膏模型写生的兴味，故竭力主张"忠实写生"的画法，以为绘画以忠实模写自然为第一要义。又向学生演说，谓中国画的不忠于写实，为其最大的缺点。自然中含有无穷的美，唯能忠实于自然模写者，方能发见其美；就拿自己在师范校时放弃了晚间的自修课而私下在图画教室中费了十七小时而描成的维纳斯头像的木炭画揭示学生，以鼓励他们的忠实写生。当一九二○年的时代，而我在上海的绘画专门学校中厉行这样的画风，现在回想起来真是闭门造车，然而当时的环境，颇能容纳我这种教法。因为当时中国宣传西洋画的机关绝少，上海只有一所美术专门学校，专科师范是第二个兴起者。当时社会上人士，大半尚未知道西洋画为何物，或以为美女月份牌就是西洋画的代表，或以为香烟牌子就是西洋画的代表。所以在世界上看来我虽然是闭门造车，但在中国之内，我这种教法大可卖野人头呢。但野人头终于不能常卖，后来我渐渐觉得自己的教法陈腐而有破绽了。因为上海宣传西洋画的机关日渐多起来，从东西洋留学归国的西洋画家也时有耳闻了。我又在上海的日本书店内购得了几册美术杂志，从中窥知了一些最近西洋画界的消息，以及日本美术界的盛况，觉得从前在《正则洋画讲义》中所得的西洋画知识，实在太陈腐而狭小了。虽然别的绘画学校并不见有比我更新的教法，归国的美术家也并没有什么发表，但我对于自己的信用已渐渐丧失，不敢再在教室中扬眉瞬目而卖野人头了。我懊悔自己冒昧地当了这教师。我在布置静物写生标本的时候，曾为了一只青皮的橘子而起自伤之念，以为我自己犹似一只半生半熟的橘子，现在带着青皮卖掉，给人家当作习画标本了。我想窥见西洋画的全豹，我也想到东西洋去留学，做了美术家而归国。但是我的境遇不许我留学。况且我这时候已经有了妻子，做教师所得的钱，赡养家庭尚且不够，哪里来留学的钱？经过了许久烦恼的日月，终于决定非赴日本不可。我在专科师范中当了一年半的教师，于一九二一年的早春，向我的姊丈周印池君借了四百块钱（这笔钱我才于二三年前还他。我很感谢他第一个惠我的同情），就抛弃了家庭，独自冒险地到东京去了。得去且去，以后的问题以后再说，至少，我用完了这四百块钱而回国，总得看一看东京美术界的状况了。

但到了东京之后，就有许多关切的亲戚朋友，设法接济我的经济。我的岳父给我约了一个一千元的会，按期寄洋钱给我。专科师范的同人吴、刘二君，亦各以金钱相遗赠。结果我一共得了约二千块钱，在东京维持了足足十个月的用度，到了同年的冬季，金尽而返国。这一去称为留学嫌太短，称为旅行嫌太长，成了三不像的东西。同时我的生活也是三不像的。我在这十个月内，前五个月是上午到洋画研究会中去习画，下午读日本文。后五个月废止了日本文，而每日下午到音乐研究会中去学提琴，晚上又去学英文。然而各科都常常请假，拿请假时间来参观展览会，听音乐会，访图书馆，看 Opera，以及游玩名胜，钻旧书店，跑夜摊（Yomise），因为这时候我已觉悟了各种学问的深广，我只有区区十个月的求学时间，绝不济事，不如走马看花，呼吸一些东京艺术界的空气而回国罢。幸而我对于日本文，在国内时已约略懂得一点，会话也早已学得了几声。到东京后，旅舍中唤茶，商店中买物等事，勉强能够对付。我初到东京的时候随了众同国人入东亚预备学校学习日语，嫌其程度太低，教法太慢，读了几个礼拜就辍学，自己异想天开，为了学习日本语的目的，向一个英语学校的初级班报名，每日去听讲两小时。他们是从 a boy, a dog 教起的，所用的英文教本与《开明第一英文读本》程度相同。对于英文我已完全懂得，我的目的是要听这位日本先生怎样地用日本语来解说我所已懂的英文，便在这时候偷取日本语会话的诀窍。这异想天开的办法，果然成功了。我在那英语学校里听了一个月讲，果然于日语会话及听讲上获得了很多的进步，同时看书的能力也进步起来。本来我只能看《正则洋画讲义》一类的刻板的叙述体文字，现在连《不如归》和《金色夜叉》（日本旧时很著名的两部小说）都会读了。我的对于文学的兴味，是从这时候开始的。以后我就为了学习英语的目的而另入一英语学校。我报名入最高的一班,他们教我读伊尔文的 *Sketch Book*[1]。这时候我方才知道英文中有这许多难记的生字(我在师范学校毕业时只读到《天方夜谭》)。兴味一浓,我便嫌先生教得太慢。后来在旧书店里找到了一册 *Sketch Book* 讲义录,内有详细的注解和日译文,我确信这可以自习,便辍了学,每晚伏在东京的旅舍中自修 *Sketch Book*。我自己限定于几个礼拜之内把此书中所有一切生字抄写在一张图画纸上,把每字剪成一块块的纸牌,放在一只匣子中。每天晚上,像摸数算命一般地向匣子中探摸纸牌,温习生字。不久生字都记诵了。*Sketch Book* 全部都会读,而读起别的英语小说来也很自由了。路上遇见英语学校的同学,询知道他们只教了全书的几分之一,我心中觉得非常得意。从此我对于学问相信用机械的方法而下苦功。知识这样东西,要其能够于应用,分量原是有限的,我们要获得一种知识,可以先定一个范围,立一个预算,每日学习若干,则若干日可以学毕,然后每日切实地施行,非大故不准间断,如同

---

[1] 即 *The Sketch Book*, 常译为《见闻札记》,[美] 华盛顿·欧文著。——编者注

吃饭一样。照我当时的求学的勇气预算起来，要得各种学问都不难：东西洋知名的几册文学大作品，我可以克日读完；德文法文等，我都可以依赖各种自修书而在最短期内学得读书的能力；提琴教本则 *Hohmann*[1] 五册，我能每日练习四小时而在一年之内学毕；除了绘画不能硬要造步以外，其余的学问，在我都可以用机械的功用方法来探求其门径。然而这都是梦想，我的正式求学的时间只有十个月，能学得几许的学问呢？我回国之后，回想在东京所得的，只是描了十个月的木炭画，拉完了三本 *Hohmann*，此外又带了一些读日本文和读英文的能力而回国。回国之后，我为了生活和还债，非操职业不可。没有别的职业可操，只得仍旧做教师。一直做到了今年的秋季。十年来我不断地在各处的学校中做图画音乐或艺术理论的教师。一场重大的伤寒病令我停止了教师的生活。现在蛰居在嘉兴的穷巷老屋中，伴着了药炉茶灶而写这篇稿子。

故我出了中学以后，正式求学的时期只有可怜的十个月。此后都是非正式的求学，即在教课的余暇读几册书而已。但我的绘画音乐的技术，从此日渐荒废了。因为技术

---

[1]［德］霍曼（Hohmann C. H.）著。——编者注

不比别的学问，需要种种的设备，又需要每日不断的练习时间。研究绘画须有画室，研究音乐须有乐器，设备不周就无从用功。停止了几天，笔法就生疏，手指就僵硬。做教师的人，居处无定，时间又无定，教课准备又忙碌，虽有利用课余以研究艺术的梦想，但每每不能实行。日久荒废更甚。我的油画箱和提琴，久已高搁在书橱的最高层，其上积着寸多厚的灰尘了。手痒的时候，拿毛笔在废纸上涂抹，偶然成了那种漫画。口痒的时候，在口琴上吹奏简单的旋律，令家里的孩子们和着了唱歌，聊以慰藉我对于音乐的嗜好。世间与我境遇相似而酷嗜艺术的青年们，听了我的自述，恐要寒心罢！

但我幸而还有一种可以自慰的事，这便是读书。我的正式求学的十个月，给了我一些阅读外国文的能力。读书不像研究绘画、音乐地需要设备，也不像研究绘画、音乐地需要每日不断的练习。只要有钱买书，空的时候便可阅读。我因此得在十年的非正式求学时期中，读了几册关于绘画、音乐、艺术等的书籍，知道了世间的一些些事。我在教课的时候，常把自己所读过的书译述出来，给学生们作讲义。后来有朋友开书店，我乘机把这些讲义稿子，刊印为书籍，不期地走到了译著的一条路上，现在我还是以读书和译著为生活。回顾我的正式求学时代，初级师范的五年只给我一个学业的基础，东京的十个月间的绘画、音乐的技术练习已付诸东流。独有非正式求学时代的读书，十年来一直伴随着我，慰藉我的寥寂，扶持我的生活。这真是以前所梦想不到的偶然的结果。我的一生都是偶然的，偶然入师范学校，偶然欢喜绘画音乐，偶然读书，偶然译著，此后正不知还要逢到何种偶然的机缘咧。

读我这篇自述的青年诸君！你们也许以为我的读书生活是幸运而快乐的；其实不然，我的读书是很苦的。你们都是正式求学，正式求学可以堂堂皇皇地读书，这才是幸运而快乐的。但我是非正式求学，我只能伺候教课的余暇而偷偷隐隐地读书。做教师的人，上课的时候当然不能读书，开会议的时候不能读书，监督自修的时候也不能读书，学生课外来问难的时候又不能读书，要预备明天的教授的时候又不能读书。担任了他一小时的助课，便是这学校的先生，便以参加会议，监督自修，解答问难，预备教授的义务，不复为自由的身体，不能随了读书的兴味而读书了。我们读书常被教务所打断，常被教务所分心，绝不能像正式求学的诸君的专一。所以我的读书，不得不用机械的方法而下苦功，我的用功都是硬做的。

我在学校中,每每看见用功的青年们,闲坐在校园里的青草地上,或桃花树下,伴着了蜂蜂蝶蝶、燕燕莺莺,手执一卷而用功,我羡慕他们,真像潇洒的林下之士!又有用功的青年们,拥着棉被,高枕而卧在寝室里的眠床中,手执一卷而用功,我也羡慕他们,真像耽书的大学问家!有时我走近他们去,借问他们所读为何书,原来是英文数学或史地理化,他们是在预备明天的考试,这使我更加要羡煞了。他们能用这样轻快闲适的态度,而研读这类知识学科的书,岂真有所谓"过目不忘"的神力么?要是我读这种书,我非吃苦不可。我须得埋头在案上,行种种机械的方法而用笨功,而硬求记诵。诸君倘要听我的笨话,我愿把我的笨法子一一说给你们听。

在我,只有诗歌、小说、文艺,可以闲坐在草上花下或奄卧在眠床中阅读。要我读外国语或知识学科的书,我必须用笨功。请就这两种分述之:

第一,我以为要通一国的国语,须学得三种要素,即构成其国语的材料、方法以及其语言的腔调。材料就是"单语",方法就是"文法",腔调就是"会话"。我要学得这三种要素,都非行机械的方法而用笨功不可。

"单语"是一国语的根柢。任凭你有何等的聪明力,不记单语绝不能读外国文的书。学生们对于学科要求伴着趣味,但谙记生字极少有趣味可伴,只得劳你费点心了。我的笨法子,即如前所述,要读 Sketch Book,先把 Sketch Book 中所有的生字写成纸牌,放在匣中,每天摸出来记诵一遍,记牢了的纸牌放在一边,记不牢的纸牌放在另一边,以便明天再记。每天温习已经记牢的字,勿使忘记。等到全部记诵了,然后读书,那时候便觉得痛快流畅,其趣味颇足以抵偿摸纸牌时的辛苦,我想熟读英文字典,曾统计字典上的字数,预算每天记诵二十个字,若干时日可以记完。但终于未曾实行。倘能假我数年正式求学的日月,我一定已经实行这计划了。因为我曾仔细考虑过,要自由阅读一切的英语书籍只有熟读字典是最根本的善法。后来我向日本购买一册《和英根柢一万语》,假定其中一半是我所已知的,则每天记二十个时,不到一年就可记完,但这计划实行之后,终于半途而废,阻碍我的实行的,都是教课。记诵《和英根柢一万语》的计划,现在我还保留在心中,等待实行的机会呢。我的学习日本语,也是用机械的硬记法。在师范学校时就在晚上请校中的先生教日语。后来我买了一厚册的《日语完璧》,把后面所附的分类单语,用前述的方法一一记诵。当时只是硬记,不能应用,且发音也不正确;后来我到了日本,从日本人的口中听到我以前所硬记的单语，实证之后，我脑际的印象便特别强明，不易忘记。这时候的愉快也很可以抵偿我在国内硬记时的辛苦。这种愉快，使我甘心消受硬记的辛苦，又使我始终确信硬记单语是学外国语的最根本的善法。

关于学习"文法"，我也用机械的笨法子。我不读文法教科书，我的机械的方法是"对读"。例如拿一册英文《圣书》和一册中文《圣书》并列在案头，一句一句地对读，积起经验来，便可实际理解英语的构造和各种词句的腔调。《圣书》之外，他种英文名著和名译，我亦常拿来对读。日本有种种英和对译丛书，左页是英文，右页是日译，下方附以注解。我曾从这种丛书得到不少的便利。文法原是本于论理的，只要论理的观念明白，便不学文法，不分 Noun 与 Verb 亦可能读通英文。但对读的态度当然是要非常认真，须要一句一字地对勘，不解的地方不可轻轻通过，必须明白了全句的组织，然后前进。我相信认真地对读几部名作，其功效足可抵得学校中数年的英文教科。——这也可说是无福享受正式求学的人的自慰的话；能入学校而受先生教导，当然比自修更为幸福。我也知道入学是幸福的，但我真犯贱，嫌它过于幸福了。自己不费钻研而袖手听讲，由先生拖长了时日而慢慢地教去，幸福固然幸福了，但求学心切的人怎能耐烦呢？求学的兴味怎能不被打断呢？学一种外国语要拖长许久的时日，我们的人生有几回可供拖长呢？语言文字，不过是求学问的一种工具，不是学问的本身。学些工具都要拖长许久的时日，此生还来得及研究几许学问呢？拖长了时日而学外国语，真是俗语所谓"扯得被头直，天亮了"。我固然无福消受入校正式求学的幸福，但因了这个理由，我也不愿消受这种幸福，而宁愿独自来用笨功。

关于"会话"，即关于言语的腔调的学习，我又喜用笨法子。学外国语必须通会话。与外国人对晤当然须通会话，但自己读书也非通会话不可。因为不通会话，不能体会语言的腔调。腔调是语言的神情所寄托的地方，不能体会腔调，便不能彻底理解诗歌小说戏剧等文学作品的精神。故学外国语必通会话。能与外国人共处，当然最便于学会话。但我不幸而没有这种机会，我未曾到过西洋，又我是未到东京时先在国内自习会话的。我的学习会话，也用笨法子，其法就是"熟读"。我选定了一册良好而完全的会话书，每日熟读一课，克期读完。熟读的方法更笨，说来也许要惹人笑：我每天自己上一课新书，规定读十遍。计算遍数，用选举开票的方法，每读一遍，用铅笔在书的下端画一笔，使凑成一个字。不过所凑成的不是选举开票用的"正"字，而是一个

"讀"字。例如第一天读第一课,读十遍,每读一遍画一笔,便在第一课下面画了一个"言"字旁和一个"士"字头。第二天读第二课,亦读十遍,亦在第二课下面画一个"言"字和一个"士"字,继续又把昨日所读的第一课温习五遍,即在第一课的下面加了一个"四"字。第三天在第三课下画一"言"字和一"士"字,继续温习昨日的第二课,在第二课下面加一"四"字,又继续温习前日的第一课,在第一课下面再加了一个"目"字。第四天在第四课下面画一"言"字和一"士"字,继续在第三课下加一"四"字,第二课下加一"目"字,第一课下加一"八"字,到了第四天而第一课下面的"讀"字方始完成。这样下去,每课下面的"讀"字,逐一完成。"讀"字共有二十二笔,故每课共读二十二遍,即生书读十遍,第二天温五遍,第三天又温五遍,第四天再温两遍。故我的旧书中,都有铅笔画成的"讀"字。每课下面有了一个完全的"讀"字,即表示已经读熟了。这办法有些好处:分四天温习,屡次反复,容易读熟。我完全信托这机械的方法,每天像和尚念经一般地笨读。但如法读下去,前面的各课自会逐渐地从我的唇间背诵出来,这在我又感得一种愉快,这愉快也足可抵偿笨读的辛苦,使我始终好笨而不迁。会话熟读的效果,我于英语尚未得到实证的机会，但于日本语我已经实证了。我在国内时只是笨读，虽然发音和语调都不正确，但会话的资料已经完备了。故一听了日本人的说话，就不难就自己所已有的资料而改正其发音和语调，比较到了日本而从头学习起来的，进步快速得多。不但会话，我又常从对读的名著中选择几篇自己所最爱读的短文，把它分为数段，而用前述的笨法子按日熟读。例如Stevensen[1]和夏目漱石的作品，是我所最喜熟读的材料。我的对于外国语的理解，和对于文学作品的理解，都因了这熟读的笨法而增进一些。这益使我始终好笨而不迁了。——以上是我对于外国语的学习法。

第二，对于知识学科的书的读法，我也有一种见地：知识学科的读，其目的主在于事实的报告；我们读史地理化等书，亦无非欲知道事实。凡一种事实，必有一个系统。分门别类，原原本本，然后成为一册知识学科的书。读这种书的第一要点，是把握其事实的系统。即读者也须原原本本地谙记其事实的系统，却不可从局部着手。例如研究地理，必须原原本本地探求世界共分几大洲，每大洲有几国，每国有何种山川形胜等。则读毕之后，你的头脑中就

---

[1][英]史蒂文森，丰子恺译有《自杀俱乐部》，并予详注。——编者注

摄取了地理的全部学问的梗概，虽然未曾详知各国各地的细情，但地理是什么样一种学问，我们已经知道了。反之，若不从大处着眼，而孜孜从事于局部的记忆，即使你能背诵喜马拉亚山高几尺，尼罗河长几里，也只算一种零星的知识，却不是研究地理。故把握系统，是读知识学科的书籍的第一要点。头脑清楚而记忆力强大的人，凡读一书，能处处注意其系统，而在自己的头脑中分门别类，作成井然的条理，虽未到书中详叙细事的地方，亦能知道这详叙位在全系统中哪一门哪一类哪一条目之下，及其在全部中重要程度如何。这仿佛在读者的头脑中画出全书的一览表。我认为这是知识书籍的最良的读法。

但我的头脑没有这样清楚，我的记忆力没有这样强大。我的头脑中地位狭窄，画不起一览表来。倘教我闲坐在草上花下或奄卧在眠床中而读知识学科的书，我读到后面便忘记前面，终于弄得条理不分，心烦意乱，而读书的趣味完全灭杀了。所以我又不得不用笨法子。我可用一本 Note book[1] 来代替我的头脑，Note book 中画出全书的一览表。所以我的读书非常吃苦。我必须准备了 Note book 和笔，埋头

---

[1] 指笔记本。——编者注

在案上阅读。读到纲领的地方，就在 Note book 上列表，读到重要的地方，就在 Note book 上摘要。读到后面，又须时时翻阅前面的摘记。以明此章此节在全书中的位置。读完之后，我便抛开书籍，把 Note book 上的一览表温习数次。再从这一览表中摘要，而在自己的头脑中画出一个极简单的一览表。于是这部书总算读过了。我凡读知识学科的书，必须用 Note book 摘录其内容的一览表。所以十年以来，积了许多的 Note book。经过了几次迁居损失之后，现在我的废书架上还留剩着半尺多高的一堆 Note book 呢。

我没有正式求学的福分；我所知道于世间的一些些事，都是从自己读书而得来的；而我的读书都须用上述的机械的笨法子。所以看见闲坐在青草地上，桃花树下，伴着了蜂蜂蝶蝶、燕燕莺莺而读英文、数学教科书的青年学生，或拥着棉被，高枕而卧在眠床中读史地理化教科书的青年学生，我羡慕得真要怀疑！

一九三〇，一一，一三，嘉兴

（《中学生》）

作文与读书

章衣萍

作文与读书有什么关系呢?

杜甫的诗说:"读书破万卷,下笔如有神。"俗语也说:熟读《唐诗三百首》,不会吟诗也会吟。中国人的作文做诗,大多数抱着一个老法子,叫做多读书。

多读书是不是对于作文有帮助呢?

就是照现在我们的眼光看来,当然也是有的。

我们要我们的文章没有用字上的错误,我们便应该研究文字学。我们要我们的文章没有造句上的错误,我们便应该研究文法学。我们要我们的文章没有思想上的错误,我们便应该研究论理学。我们要我们的文章做得美,我们便应该研究修辞学。

其余如经济学,如心理学、社会学、动植物学等,皆和文学直接或间接有关系。

所以我们要文章做得好,不可不用功读各方面的书。

上面的话,也许中学生诸君看了未免要大吃一惊,说:

要研究那些科学才来作文，作文一事，岂不太难么？

我说：不是的。我的话是就广义说。我说的是那些科学常识都和作文有关系，却不是要人把各种科学全弄好了才去作文。

从前有个卖臭虫药的，说是他的药如何灵，人家买来回家一看，原来包内是"勤捉"二字。要臭虫断根只有"勤捉"，要文章做得好只有"勤做"。

学绘画的人只懂得一些光学、透视学、色彩学的原理，不肯用笔去画，是不行的。作文也是一样。只懂得一些文法，修辞的原理，不肯用笔去做，终究做不出好文章。作文正同蜘蛛抽丝一样，要抽才有，不抽永远没有。

读书供给作文只有两方面的用处：一方面是思想方面，我们可从书中懂得世间各方面的真理，人生各样的真相。一方面是技巧方面，我们可从古今各大家的文章上学得他的词句的美丽和风格的清高。

但是，世界上的书籍很多，青年人读书究竟从何读起呢？

这的确是一个问题。这不但在青年们成为问题，在老年人也成为问题。正如从前北京教育部有个司长，很有钱，吃得很胖，而且也很肯买书的。但是他常常叹着气说："不得了！不得了！书太多了，不知道读哪一本好。"世界上这样叹气的人很多，有老年，也有青年。英国的文学家培兰德（Arnold Bennet）曾说过笑话，以为问读书要从何读起，正同狗咬骨头要从何咬起一样奇怪。培兰德意思，是主张趣味的读书法的。

趣味的读书法是很重要的。现在中学学生国文程度不佳，很大的原因，是不准学生去看有趣味的书。我从前在徽州一个师范学校读书，那学校的校长胡子承先生，是个很顽固的人，不许学生看小说（看小说是要记过或开除），甚至于《新青年》也禁止学生看。但我自己的白话文却是从小说中学来的，因为我们徽州的土话，离白话文很远。现在，像胡子承那样禁止白话文的人是很少（我不敢说没有）了。但许多教员多抱定几册商务、中华的国文教本，教的大概是十年以来《新青年》以后一般作家的作品。老实说，这十年以来的新文学，大概都是些"急就章"，真正有价值的作品很少。我们应该鼓励爱好文学的学生多看他们所喜欢看的书，正如周作人先生所说："小说、曲、诗词、文，各种新的、古的，文言、白话，本国、外国，各种还有一层：好的、坏的；各种都不可以不看，不然便不能知道文学与人生的全体，不能磨炼出一种精纯的趣味来。自然，这不要成为乱读，须得有人给他做指导顾问，其次要别方面的学问知识增进，逐渐养成一个健全的人生观。"（《我学国文的经验》，《谈虎集》下卷）

周先生的后面几句话也很重要的。要有"指导顾问"，可以说是有系统的读书法。系统的读书法也是重要的。培根（Bacon）曾说：看书同吃东西一样，有的随便尝尝就够了，有的应该吞咽下去的，有的应该咀嚼消化的。没有系统的读书，正同随便吃东西一样，一定要弄成胃扩张，不消化的。有系统的读书，可分两面说：一面是我们如要懂得一些文学原理，就应该看些什么本间久雄的《文学概论》，厨川白村的《苦闷的象征》，或卢那却尔斯基的《文艺与批评》之类。如要研究自然主义的作家，则不可不读弗罗贝、佐拉、莫白三的作品。这叫做专门的读法。一面是应该知道世界上真正有价值的著作并不多，我们应该选最好的书来读。如法国诗人波得莱尔（Baudelaire）爱好爱伦波（Edgar Allan Poe）的著作，翻译了许多爱伦波的诗，所以他自己的诗也受了爱伦波的影响。又如歌德的《浮士德》（*Faust*）的有名，是大家知道的。但如曾孟朴先生所说，他，不隐居乡间，译了《狐史》，哪来《浮士德》的成功？又如法人伏尔泰（Voltaire）作文，常常先把马西隆

（Massillon）的书拿来读，弥尔顿（Milton）一生也只爱荷马（Homer）与 Euripedes[1] 的著作。这就是"咀嚼消化"的读书法，使自己受了书的影响，使书的灵魂，成为自己的骨肉的。这叫做精选的读法。

"别的方面的学问知识"也很重要的。我在前一讲曾说学科学的人不应该为文学多耽误工夫。学科学的人鉴赏或尝试一些文学趣味是可以的。但如目下中学生之不喜欢数理等科，以及国内出版界自然科学书籍的不畅销，关于高级自然科学的书，竟致没有书店肯印，实在是可虑的事情。学科学的学生应该专注精力于科学，是不用多说了。就是学文学的学生，也不可不有普通的科学常识。夏丏尊先生在他的《文章作法》附录上曾说：

> 无论如何地设法，学生底国文成绩，总不见有显著的进步。因了语法作文法等底帮助，学生文字在结构上形式上，虽已大概勉强通得过去，但内容总仍是简单空虚。这原是历来中学程度学生界底普通的现象，不但现在如此。

---

[1] 指欧里庇得斯。——编者注

为补救这简单空虚计，一般都奖励课外读书，或是在读法上多选内容充实的材料，我也曾如此行着。但结果往往使学生徒增加了若干一知半解的知识，思想愈无头绪，文字反益玄虚。我所见到的现象如此，恐怕一般的现象也难免如此罢。《我在国文科教授上最近的一信念》

夏先生的结论是"传染语感于学生"，教员自己努力修养，对于文字，在知的方面、情的方面，各具有强烈锐敏的语感，使学生传染了，也感得相当的印象，为理解一切文字底基础。但我以为这也不是根本办法。要学生的思想不空虚，根本的办法只有学一些根本的科学常识。郭沫若曾说诗人不可不懂得天文学，实在是有见识的话。我以为学文科的高中学生，也不可不有下列的科学常识：

（一）应该多看一些社会科学的书，懂得一些唯物史观、经济史观、人类学等常识。

（二）应该多看一些论理学、心理学的书籍，懂得一些思想法则、心理现象。

（三）应该多看一些自然科学的书，如生物学、物理学、天文学、地质学等，懂得一些天、地、人、物的历史和现状。

这是根本办法，可以医"思想无头绪""文字玄虚"的大病的。

（周作人先生曾对青年进过这样忠告，请参看《谈虎集》下卷，《妇女运动与常识》。我的意思完全与周先生相同，略以鄙见补充一点，因周先生对于论理、心理等科未说及。）普通文科学生总带些自命文豪的气味，对于一切科学都看不起。其实，懂得一些科学常识是做人的基础，做人比做文豪要紧得多。做一两句白话诗，做一篇短篇小说，实在算不了什么大事，挂不起文豪招牌哪！

读书对于作文的重要，上面大略说过了。但中国青年学生还有一件最重要的事情，是养成善于怀疑，独立思想的精神。

叔本华（Schopenhauer）说得好：

> 写在纸上的思想，不过是印在沙上的行路人的足迹，人们虽然可以因他而明知道前人所取之道路，但行路人为行路和观望前面什么风景起见，是必须使用他自己的眼睛的。

所以书上记载的"真理"和"人生"究竟多是纸上的。

叔本华是主张思想，反对读书的，他曾说过很妙的话：思想是自己跑马，读书是让旁人在我们的脑里跑马。他的话自然有点偏激。但是中国是一个泥古的民族。所以王安石创经义试士之制，行之千年；武后行弓刀步石武科之制，行之千年；萧何行漕运之制，行之二千年（康有为弟子徐勤的话）。女人缠足，"或谓始于李后主，宋人只有程颐一家不缠足"，缠足也缠了千年。无论什么笨事傻事，都行之千年而没有人敢怀疑，没有人敢革命。这真是世界鲜有的奇谈。有人说中国人的头脑是一枚明镜，映进红的就是红的，映进白的就是白的，一点变化也没有。这是可以亡国灭种的头脑！

我们现在最要紧的是使学生们在作文中养成独立思想的习惯。程颐说："学原于思。"胡适说："学原于思，思起于疑。"胡适又说："我们读古人的书，一方面要知道古人聪明到怎样，一方面也要知道古人傻到怎样。"这都是我们很好的教训。我们要学生宁失之过疑，不要失之过信。

真理是有时代性的，人生是变迁无穷的。一切古今人的书籍都是我们的参考品、我们的顾问官，我们要敢于疑古，也要敢于疑今。我们要学生能够独立思想，不要"掉书袋"。

培根说得好:"书籍永远不曾教给你书籍的用处。"一切书籍都是参考品,思想方面是如此,文章的词句和风格方面也是如此。

法国文学家布封(Buffon)曾说:"文体即人。"韩德(Leigh Hunt)补充布封的话,说:"人即文体。"中国古语也说:"文如其人。"世上没有两个相同的脸孔,树上没有两个相同的果子,山上没有两个相同的石头。一切物体都有个性,文章的词句和风格方面也应该有个性。

从前作古文的人专会模仿"先秦诸子",模仿"两汉",模仿"唐宋"。现在古文已经打倒,这些习惯是已经取消了。但是,模仿韩愈、苏东坡固是不对的,模仿梁启超、胡适之难道就对了吗?我们读古今名人的文章,要和蚕吃桑叶一样,吐出丝来。模仿好比蚕吃桑叶吐桑叶,中国的白话文的历史比文言文短得多,所以现在白话文正有待于我们的试验和创造,造成一种丰富优美而清新的词句和文体。我们要使白话文能够写景,写情,写意,写事,运用自如。我们要使白话文能够简洁,也能够繁复;能够明白,也能够深刻。几本古老的《红楼梦》《水浒》,几册简单的国语教科书,几页肤浅的新创作小说,绝不够我们学生的欣赏和研究。一切文章有两个伟大的导师:

一是自然,

二是人生。

我们要学生多多观察自然,研究人生,我们要学生从小养成这种习惯。我们不要学生迷信书本,模仿书本。我们要学生不做古人的奴隶,也不做今人的奴隶。

(《现代学生》)

怎样提高读书的速率和效率

童行白

我们为什么要读书呢？在广义的说来，是猎取前人的经验，减少自己的错觉，而达到更完美的生活。在狭义方面说来，则至少须达到了解本国固有文化，发扬民族精神，和能欣赏艺术，调剂生活。

依照上述的目的，则我们应读的书甚多，而我们的时间有限，便不得不讲速率和效率了。在学习心理研究的结果，速率和效率是并行的，现在分别说明如下：

（一）速率（Speed）

读书的形式有二：一是朗读（Oral reading），二是静读（Silent reading）。静读不但没发声，而且不动唇，不动喉，完全以眼为动作，这种读法，速度较朗读为高，如我们急切间，欲在某一篇文里找我们所要的材料，虽急急地读下去，但结果总是不行，还是视觉的反应替我们找着的。这因为每一个字的发音妨害了我们的速率。而在实用上，则静读的机会极多，而朗读的机会甚少，故这里不详论了。

现在我们单讨论如何增进静读的速率，要明白这点，就得从眼球的活动说起。

（A）识别距（Span of perception or Recognition）

这是眼球一转动间所能知的范围，凡识别距广的速率必高，反是则必低，而同一人亦有广狭之别，其原因有三：（甲）阅读的材料深浅不同，材料一深，理解的难度提高，便影响到眼球的转动，识别距的范围便缩小；反之，则必增大。（乙）阅读的目的不同。任意浏览，不求甚解，或不必记忆，则识别距亦自增大。若果探求理解，则眼停次数增多，速度便减低了。（丙）阅读的形式不同，如用朗读，因发音的牵制，亦足缩小识别距。

（B）眼停时间（Duration of fixation）

所谓眼停时间，即眼球转动所费的时间，费时愈短，则速率必高，反是则必低，而同一人亦有长短之别，其原因也同（A）项所述，然则眼停时间和识别距有什么关系呢？据实验的结果，眼停时间短的，识别距阔，反之则识别距窄，前者速率高，后者速率低，故我们读书时，不但应促进识别距阔广，同时也应使眼停时间减短。

（C）回复眼动（Regressive eye-movement）

回复眼动即已经看了的，因尚未理解其意义，重复再看一遍。回复眼动的次数愈多，眼停的次数也愈多，费时也长，效率也小了，此种动作和读书能力的优劣，适成反比例。我们要提高读书的速率，便首先要减少回复眼动的次数，然后方就达到目的。

（D）扫视（Sweep of eye）

从前行的末一字，到次行的首一字，这种眼动，叫做扫视，虽然和阅读没有多大关系，但动作错乱过多，也很妨碍阅读的速率。如读了第二行便读第四行，或读完了第二行，再读第一行等是。这样浪费时间，就影响速率变小了。

叙述完了眼动的经过，则我们对增进速率的结论是"养成有规律的眼动"。至如何养成规律的眼动？则只有努力练习。而练习的进步率，是非常迅速的。据杜佐周测量八位中华留美学生，时间为一个月，每人每日练习十分钟，所得的结果如下表：

被 试 者	E	F	G	H
第 一 日	6.02	4.73	1.67	3.82
第 二 日	9.18	13.02	3.82	5.38
前后的差数	3.16	8.29	2.15	1.56
进步百分比	52	175	129	41

（注）杜氏研究报告，原分横直行两组，兹以现出版书籍，横行仍少见，故此表只有四位。

上表所列阅读能力最低者为 G，他第一天每秒钟不过读 1.67 字，但经一个月练习后，则每秒钟读 3.82 字，比原来进步 129%。上表能力最高者的 E，他第一天每秒钟读 6.02 字；经一个月的练习后，每秒钟读 9.18 字，比原来进步 52%。进步最大者 F，比第一天进步 175%，进步最小者为 H，比第一天进步 41%。可见经过练习是很容易进步的，不过在练习的时候，应明了速率的价值和求进步的决心，而时间又须继续不断，幸勿一曝十寒。

（二）效率

读书的速率固然重要，然徒增速率而收不到效率，则已读与不读等，徒浪费时间罢了，故同时应注重效率。所谓效率，可分下列三种：

（A）理解（Comperehension）

我们每读一书，应了解该书的要点，然后才不致浪费时间，或者有人以为既要求速率的增加，自难求得理解的提高，但据海欧（Huey）、奥白兰姆（O'Brien）等的实验，则速率高的理解力亦高，其原因一是阅读书籍的深浅关系，意义深奥的于理解力自然较低，若意义显浅自易于理解，这和识别距的情形，适成正比例。其二是静读时，专心致志，不为发音所牵制只由视觉器官直达到中枢神经，不必再由视觉器官转听觉器官以达中枢神经。神经的运用既专一，则理解自然提高。至于如何能达到提高理解能力呢？这除了继续用提高速率的方法外，同时每读书一时，先须预拟问题，或预悬目标，在读完此书时必须能找着预拟问题的答案和决心，或约同伴互相考查，互相竞赛，则成绩自易于表现。

（B）组织（Organization）

"组织"这两个字，很容易误会到字句的结构。不过，这里所谈的组织是着重内容的认识，并且注重读完一书后，是否能组织成一有系统的知识，或读完一书后，是否能将新收的材料和已读过的书联属在一起，而组成一有系统的知识，因为我们读书是猎取前人的经验，以减少自己的错觉，以达到生活的充实。故组织的工夫是不可忽视的。至于组织和理解的相关度如何呢？现在虽没有正确的研究报告，但从理解能力的提高，则亦很容易达到目的，因为理解的程度不高，组织自然谈不到了。要达到这个目的，除了应用提高速率和理解的方法之外，还应加上做大纲，做表解，做结论等。

（C）记忆（Retention）

理解和组织两项，固然是读书的要素，然记忆又不可不增进。许多人以为强记是没有多大的价值，殊不知"走马看花"般阅读，事后复抛诸九天之外，不是浪费时间吗？虽然，书本可以随时翻阅，而时间的不经济莫此为甚！所以记忆力的增进，是不可忽视的。又有人以为记忆力是天才的，这固然不能否认，但努力练习，也是能够达到的。要达到记忆力的提高，只要具备有记忆的决心，好像我们是去准备应试的决心和把已知的事与新知的事联属在一起，这种心理活动很普通的，例如我们的朋友中，某甲是高人，当我们看见了另一个高人的时候，就会想起某甲，用这种方法，是足以提高记忆力的。其次多复习，做大纲，做总结，或时时加以追忆（Recall），都能增强记忆的。

总之，我们读书的时候，存着一种目的和决心，则速率和效率自然会提高了。

读书生活的三多法

欧元怀

西儒培根说过:"读书造成完人。"考其意思,盖以为读书可以打破人类的愚昧,纠正人类的错误,增进人类的智识,充实人类的生活。地无中外,时无古今,谁都承认读书是人类生活中必不可缺少的一项重要工作。

但今爱好读书的人,常有一种难题在心目中横梗着,便是如何读法的问题。我以为除了眼到、口到、手到、心到和疑辨、笔记、思索之外,其最普通而基本的条件,还是要多阅读,多比较,多应用。

所谓多阅读,当然不是说有书必读,而是需要读有用的书。书籍杂志,卷帙浩繁,单就本国而言,已有读不胜读之慨;而况世界各国的书报更是浩如烟海呢。自然只有选读你所爱读你所能读的书了。我以为真欲求学的人,无论研究社会科学或自然科学的,均应先读几本关于普通常识的书籍。有了相当的普通常识,进而检讨本国文化的起源及世界学术的演进,而后开始专门研究工作,始得学有根基，而不致"反客为主"，常闹笑话。

不过人类的知识，固然大部分得自书本："尽信书则不如无书。"书本是不死读的。我们应把爱读的某一问题的书籍归纳起来，作一个比较有系统的研究。如研究自然科学的，自然一面阅读书籍，一面实地试验不行；就是研究社会科学的，也须多多观察各地风俗和生活习惯，以充实我们需要的题材。试看"世事洞明皆学问，人情练达即文章"那几句古话，以及中外通儒学者都喜欢周游列国，浏览山川，这就是寓求学于考察中的意义。至于今日蒙藏一带的考古，西藏和西南民族的研究，东南生物和水产的采集，山西各地矿物的科学分析，更无一不赖有相互比较的研究。因为见闻一广，经验丰富，两相比较，真伪自明，不觉有左右逢源豁然贯通之概。

至于多应用，更是求学的有效方法，现在有许多人书籍是读得很多的；然而一旦遇到实际问题，还是胸无成竹，不知怎样去应付当前环境的。这并不是说他的书是白读，也并不是说读过许多书后，对于他的知识能力毫无所补。盖读书不是专为书本做奴隶，乃要把书本上的道理拿到实际生活上去应用，如果我们读书有心得，便应将其学理活用在日常生活间。我遇了困难再拿书本来研究。如此则生活与知识合一,为用而学,学以致用;自然不致成为书呆子了。

固然,在起初要把书本知识活用于社会生活上,免不了许多不自然的痛苦;但这种行动养成习惯后,熟能生巧,不但不会感觉痛苦,且能环境变化而增长经验,实具有一种特殊乐趣。这种乐趣,却只有能够善用学识的人,始能于生活上体会得出。所以越是不能活用学理的人,越不明了书中道理;反之,能活用学理的人,既可增长于读书的心得,更可给他事业成功的一种帮助。

青年们,书是必读的,不多读书本,是不能给你一个人生上的指示;而读书不知多方比较,亲切应用,也绝不感觉到书中真理来。

我的读书经验

傅东华

我的读书经验里面有两件事情似乎说起来还有点趣味。

我没有读过小学,从家塾出来就到本乡一个基督教会办的中学读书,后来转学到府立中学,是插班进去的。插的是三年级,读了三年(那时还是五年制)照理可以毕业了,谁知快到毕业考的时候,堂长忽然通知我,说我不能考毕业,因为章程规定,学期未读满是不能毕业的。我问他再得读几个学期才算读满,他说得补足插班进来以前的两年。我又问他,那末这两年里面读点什么呢?他说从四年级上学期重新读起。列位想想看,这叫我怎么能够忍受!当时我只得向那位堂长说声"再见",登时把书箱铺盖挑了回家。

那时候最有名的学校是在上海的南洋公学(现在的交通大学),谁要能考得进去就仿佛登天堂一般。我明知内地学校的程度是差得很远的,但想与其在原校里再炒一回冷饭,总不如到那里去撞一下木钟。于是即刻写信去讨章程,一看不好,连插三年级所需的书本也是名字都没有听见过的。(只记得里面有 *Myre's General History*[1] 和 *Wentworth's Elementary Algebra*[2],还有一本英文的博物学厚到五百多页,现在连名字都忘记了。)但我那时的野心一发不可复遏,只得跑到从前那个教会学校的主教(美国人)那里去找他帮忙。刚巧他有事到上海,替我把要买的书一齐买了来。那是五月间的事,离开入学考试只有三个半月。好在英文原本书初次拿到手里,兴味特别好,我就连日连夜的像灯蛾扑火一般向里面乱撞起来。后来的结果是,皇天不负苦人心,我居然做到了南洋公学的学生了。从这事以后,我一径都相信从书本里去找书本里所该获得的成果,总不致像打彩票那么渺茫的。

第二件事是在进了南洋公学以后。我们的英文教员是杨锦森先生。(美国留学生,早已得肺病死了,我始终都对他怀着深切的感激。)他教我们读英文的方法大约是跟谁都不同的。他要我们乱看书,不要翻字典。他说读英文和读中文并没有两样。我们所认识和能运用的中文字至少总在

---

[1] 应指《迈尔通史》。——编者注
[2] 应指《初等代数》,G. A. 温特沃斯著。——编者注

数千以上，试问里面有几个字是翻过字典才认识的？我们所解得的字大半是从上下文的意思猜度出来的。等到猜对的回数多了，那字的解说就会慢慢的正确起来。这比翻字典而得的解说反而活得多，因而有用得多。而且一面看书一面翻字典，读书的兴味也要常常被打断。所以字典只是讲作文时和其他必要时用的。若读英文，你的基础词汇当然不如读中文那样多，那末你先找浅的书来读。比如你拿起一本书来，不翻字典也可以看懂十分之七八，那本书你就可读了，不然你就得再找一本更浅的。同是一本书一生之中也许不止读一遍。今年读的书觉得意思朦胧，明年再读就清楚多了。总之要读得多，读得快，起初时尽管不求甚解，慢慢地自然一层透彻一层地会得解。他这个读书原则我完全遵照着办，到了一年之后觉得成效非常之大，后来我竟成了学校图书馆里最讨厌的一个人，因为我每次借书总是一大叠，三两天又去换了一大叠来，使得图书馆馆员当我跟他开玩笑。当然，真正要说读的话，一大叠书是三两天读不完的，但至少目录是看过，有趣的部分也都翻过了一下，那一叠书的轮廓是印在我脑子里了。到后来这样的轮廓渐积渐多，我就会得从里面去寻出各书的关联，造出自己的一个体系，哪一本书该读，哪一本书不该读；

哪一本书该先读，哪一本该后读，都用不着等指导家们来指导我。这可譬到山头顶去概察一下地形，这才爬下山来走小径，就不至于迷路了。

我自己觉得受益于这种读书法的地方实在不少，后来我的学生里面有一人因这读书法作基础而获得更高的成就——就是现在我国科学界占有荣誉地位的严济慈君。

我从自己经验的这两件事得到一个结论：读书是完全为己的，绝不是为人的；与其说读书是一桩工作，毋宁说是一种享受妥当得多。明白了这一点，别的一切就都成了废话了。

近来仿佛有人相信读书可以耽误革命，那是和相信读书可以镇静革命同样的愚蠢！

我的读书经验

曹聚仁

中年人有一种好处，会有人来请教什么什么之类的经验之谈。一个老庶务善于揩油，一个老裁缝善于偷布，一个老官僚善于刮刷，一个老政客善于弄鬼作怪，这些都是新手所钦佩所不得不请教的。好多年以前，上海某中学请了许多学者专家讲什么读书方法读书经验，后来还出一本专集。我约略翻过一下，只记得还是"多读多看多做"那些好方法，也就懒得翻下去。现在轮到我来谈什么读书的经验，悔当年不到某中学去听讲，又不把那专集仔细看一看；提起笔来，觉得实在没有话可说。

记得四岁时，先父就叫我读书。从《大学》《中庸》读起，一直读到《纲鉴易知录》《近思录》，《诗经》统背过九次，四书背过五次，《礼记》《左传》念过两遍，只有《尔雅》只念过一遍。要说读经可以救国的话，我该是救国志士的老前辈了。那时候读经的人并不算少，仍无补于满清的危亡，终于做胜朝的遗民。先父大概也是维新党，光绪三十二年就办起小学来了；虽说小学里有读经的科目，我读完了《近思录》，就读商务印书馆出版的《高等小学国文教科书》；我仿读史的成例，用红笔把那部教科书从头圈到底，以示倾倒爱慕的热忱，还挨了先父一顿重手心。我的表弟在一只大柜上读商务出版"直到现在还是最新的儿童读物"的《看图识字》，那上面有彩色图画；趁先父不在的时候，我就抢过来看。不读经而爱圈教科书，不圈教科书而抢"看图识字"，依痛哭流涕的古主任古直江、博士江亢虎的"读经""存文"义法看来，大清国是这样给我们亡了的；我一想起，总觉得有些歉然，所以宣统复辟，我也颇赞成。

先父时常叫我读《近思录》。《近思录》对于他有很多不利之处。他平常读四书，只是用朱注；《近思录》上有周敦颐、张载、邵雍、程明道、程伊川种种不同的说法，他不能解释为什么同时贤人的话，有那样的大不同；最疑难的，明道和伊川兄弟俩也那样大不同，不知偏向哪一面为是。我现在回想起来，有些地方他是说得非常含糊的。有一件事，他觉得很惊讶：我从《朱文公全集》找到一段朱子说岳飞跋扈不驯的记载，他不知道怎样说才好，既不便说朱子说错，又不便失敬岳武穆，只能含糊了事。有一年，他从杭州买了《王阳明全集》回来，那更多事了，有些地方，王阳明把朱熹驳得体无完肤，把朱熹的集注统翻过身来，谁是谁非，实在无法下判断。翻看的书愈多，疑问之处愈多，一个十一二岁的小孩已经不大信任朱老夫子了。

我的姑夫陈洪范，他是以善于幻想善于口辩为人们所爱好，亦以此为人们所嘲笑，说他是"白痴"。他告诉我们："尧舜未必有其人，都是孔子、孟子造出来的。"他说得头头是道，我们很爱听；第二天，我特地去问他，他却又改口否认了。我的另一位同学，姓朱的，他说他的祖先朱××，于太平天国乱事初起时，在广西做知县；"洪大全"的案子是朱××所捏造的。他还告诉我许多胥吏捏造人证物证的故事。姑夫虽否认孔孟捏造尧舜的话，我却有点相信。

我带一肚子疑问到杭州省立第一师范去读书，从单不庵师研究一点考证学。我才明白不独朱熹说错，王阳明也说错，不独明道和伊川之间有不同，朱熹的晚年本，与中年本亦有不同，不独宋人的说法纷歧百出，汉、魏、晋、唐各代亦纷纭万状；一部经书，可以打不清的官司。本来想归依朴学，定于一尊，而吴、皖之学又有不同，段、王之学亦有出入；即是一个极小的问题，也不能依违两可；非以批判的态度，便无从接受前人的意见的。姑夫所幻设的孔孟捏造尧舜的论议，从康有为《孔子改制考》《新学伪经考》找到有力的证据，而岳武穆跋扈不驯的史实，在马端临《文献通考》得了确证。这才恍然大悟，"前人恃胸臆以为断，其袭取者多谬，而不谬者反在其所弃"（戴东原语）。信古总要上当的。单师不庵读书之博，见闻之广，记忆力之强，足够使我们佩服；他所指示正统派的考证方法和精神，也帮助我解决了不少疑难。我对于他的信仰，差不多支持了十年之久。

然而幻灭期毕竟到来了。五四运动所带来的社会思潮，使我们厌倦于琐碎的考证。胡适的《中国哲学史大纲》带来实证主义的方法，人生问题、社会问题的讨论，带来广大的研究对象，文学哲学社会……的名著翻译，带来新鲜的学术空气，人人炽燃着知识欲，人人向往于西洋文明。在整理国故方面，梁启超的《中国历史研究法》，顾颉刚的古史讨论，把从前康有为手中带浪漫气氛的今文学，变成切切实实的新考证学。我们那位姓陈的姑夫，他的幻想不独有康有为证明于前，顾颉刚又定谳于后了。这样，我对于素所尊敬的单不庵师也颇有点怀疑起来，甚而对于戴东原的信仰也大动摇，渐渐和章实斋相近了。我和单不庵师第一次相处于西湖省立图书馆（民国十六年），这一相处，使我对于他完全失了信仰。他是那样的渊博，却又那样的没有一点自己的见解；读的书很多，从来理不成一个系统。他是和鹤见祐辅所举的亚克敦卿一样"蚂蚁一般勤劬的硕学,有了那样的教养,度着那么具有余裕的生活,却没有留下一卷传世的书;虽从他的讲义录里,也不能寻出一个创见来。他的生涯中,是缺少着人类最上的力的那创造力的。他就像戈壁的沙漠的吸流水一样,吸收了智识,却亦一泓清泉,也不能喷到地面上来"。省立图书馆中还有一位同事——嘉兴陆仲襄先生也是这样的。这可以说是上一代那些读古书的人的共同悲哀。

我有点佩服德国大哲人康德(Kant),他能那样地看了一种书,接受了一个人的见解,又立刻能把那人那书的思想排逐了出去。永远不把别人的思想砖头在自己的周围砌起墙头来。那样博学,又能那样构成自己的哲学体系,真是难能可贵的!

我读书三十年,实在没有什么经验可说。若非说不可,那只能这样:

第一,时时怀疑古人和古书;

第二,有胆量背叛自己的文师;

第三,组织自我的思想系统。

若要我对青年们说一句经验之谈,也只能这样:

爱惜精神莫读古书!

读书并非为黄金
——我的不读书的经验

孙福熙

中国人太把"读书"看得严重,"书中自有黄金屋,书中自有千钟粟"的说法,先认读书为苦不可耐,于是用黄金利禄来引诱,就是"吃得苦中苦,方为人上人"的意思。

本刊征求我读书的经验,我不敢以读书人自居(虽然读书人的"书生气"的坏处依然是很多),我所能说的不是读书的经验,而是不读书的经验。

我三周岁以后就读书,读书这样早,完全因为我幼年时太活泼,毁坏了许多东西的缘故。一直到十二岁,全是旧式灌注的教育,除了识字的成绩以外,到现在是毫无益处。因为读书没有趣味的缘故,此后入学校,直至师范学校毕业,凡有书本的功课我都不大喜欢。所喜欢的是手工图画以及书本以外兼有实物的理化博物。再后则半工半读或者整日工作而夜间自己读书而已。

尤其是在法国的时候,因为经济的能力是不能读书的,所以,一方面分出时间去工作,一方面又节省读书应有的一切工具与方法，欲读书而不可得了。没有人教我法文，为了节省起见，不懂一句法文，就进美术学校学画去了。自己看看法文书，弄出许多的错误。为了这个缘故，我的一点智识，都与事实有关。例如法文中的"兰花"一字，是同学在公园中告我的，所以至今联想到这同学与公园，"延长"一字联想下雨与房东老太婆，因为并不是从读书得来，所以我没有什么字是可以联想书本的。

这该是很大的耻辱。

不但如此，许多人是先读了书，后来证之事实，惊叹古人深思明辨，于是豁然贯通地说一声："此诚所谓'学于古训乃有获，监于成宪永无愆'也。"

而我则不然，我的肚皮里没有书，没有把有系统的书本智识作为辨别事理的根据，每遇到事物上有疑问，只得乱翻书本来求解答而已。

我以为，中国人把读书看得太苦亦太尊贵了，于是与世界事物脱离了关系。读书与散步、踢球、看电影、游山玩水，并不冲突，而且是互有补益（大学生天天进跳舞场未必有益，但偶然去一次，未必带回满身的恶毒，这全在自己的处置如何耳）。

我觉得，一个法国人的走进图书馆去，和简直走进戏院电影场去是一样的性质。星期或假日，不必工作的时候，法国人就要利用这一天时间，作有益身心之事。我不是说法国人愚笨，肯以读书苦事视为看戏看电影一样的快乐；我要说的是读书得法的时候，与戏剧电影之启发智识、涵养德性、陶冶情感的出之消遣性质者，完全是一样的。

中国的电影太受美国影响的缘故，游嬉的性质太多，学术的意味太少了。

反之，中国的读书，或者可以说，学术的意味太多，而引动趣味太少，内容则平板陈腐，文字则枯燥生硬，虽有黄金利禄的引诱，天下尽有未用读书作"敲门砖"而骗到了黄金与利禄者。

著书者与读书者的态度都可以改变一下。

我的读书经验谈

张素民

一 读书与思想

我生平的第一嗜好,是读书;第二嗜好是发表自己的思想和批评别人的思想。然第二嗜好是跟着第一嗜好来的。因为你若久不读书,你自己的思想,也无从发生。据我的经验,我自己的思想,大都是由读书的启发和暗示而来。我每日读书,每日都觉着得点新观念或新思想。只可惜因为教书和人事的关系,没有时间写出来,否则我的读书札记,必可成帙。我敢说:凡是无思想的人,必是不爱读书的人。因无论你怎样聪明,你的奇思异想,或已为别人道过,或经别人证明不对;你多读书,就不会白费这种气力,就会感觉到你自己的奇思异想,并无奇异之可言。但因此,你的知识愈充,你的思想愈富,你虽放弃你原有的奇思异想,然可得着其他的启发,生出别的思想来。所以读书是思想的一个主要来源,"开卷有益"的益处,即在这里。

读书固可以启发思想,然读书愈多,所得较广,遇着问题发生,就必详加考虑,再发议论。所以读书愈多,知识愈富的人,不愿轻有主张,不愿乱发议论。凡那读书无多,知识不充的人,自以为聪明,遇事即随便发言。这个分别,是我初与外国学者接触时才发现的。我以前"年少气盛",读书无多,遇事即爱有所主张。及见外国学者异常谨慎,不轻有主张,颇为诧异,以为他们"滑头"。到后来,继续在研究院读书七年多,自己才觉知识不足,遇事不敢轻有主张了。这也就是我们古人所谓"学然后知不足"的道理。

轻有主张,是发表不成熟的思想。唯读书才可培养成熟的思想。所以世界大学者,发表一种新学说的著作,是经过若干年的研究而来的。例如创立"制度经济学"(institutional economics)的康门斯(J.R.Commons)费了三十年的研究工夫,才出版他的《资本主义之法律的基础》(*Legal Foundations of Capitalism*)一书,再过十年,才出版他的《制度经济学》一书。今日中国的青年,偶有心得,恐怕等不到明天或下月,就要发表他的著作了。

一人一时的思想,当受他当时所读的书籍的影响,这差不多是一个原则。例如初读马克思的著作的人,无不暗地吸收他的思想;什么"阶级斗争",什么"唯物史观"等名词，就会不断地出诸那位读者之口。但是这位读者若再把批评马克思的书籍读几部，就会生出反马克思的论调。再如你费几天工夫，专读《宋元学案》《明儒学案》等书，你在那几天之后的言论，必多少带点理学气味。所以读书愈多的人，他所受的影响愈杂，他便不易为一家之说所摇动。倘他富有创造力，"博而能约"，他就可自创新说。然他无论是一个怎样的创造家，他的思想来源，离不了他所读的书籍。比方马克思的学说，是受着黑格尔的哲学，十八世纪的法国唯物主义，亚当·斯密和李嘉图等的经济学的影响，是毫无可疑的。

思想固可由读书而来，然有缺乏理解力的人，读书一生，仍无思想，或为"书呆子"。因此，有人反对读书。然不知这种人读书固"呆"，不读书也"呆"。一个无知识的呆子，不如一个"书呆子"。我愿社会上多几个书呆子，少几个自作聪明的人。

二　读书与兴趣

凡爱读书的人，都享着读书的乐味；凡不爱读书的人，认读书是一件苦事。何以同是读书，一以为乐，一以为苦呢？因为一个对读书有兴趣，一个对读书无兴趣。我们无论对于何事，兴趣最关重要。爱赌的人对赌有兴趣，认之为乐事；不爱赌的人，则反此。所以要爱读书，必先创造对于读书的兴趣。

造成读书兴趣的第一要着，是求了解。你读一页书根本不懂，自然无兴趣。要求了解，须从两方面下手，一从文字方面下手，一从内容方面下手。我可先谈文字方面的了解。你要读中文书籍，必先把中文弄通。你要读古文，更须先治小学，略懂书文。你要读英文书籍，必先把英文弄通。因为文字弄不懂，自然谈不到内容，学者的苦功夫，就在学文字的时候。然到了文字将通未通的时候，就感觉兴趣了。以我个人的经验讲，从五岁到十二岁是读死书的时代。读完了四书五经，先生从未加以解释，自己老实不懂。十二岁到十三岁，跟着我父亲在外面住一年。他每天和我讲解《左传》《资治通鉴》，并教我作文，我才上路。十三岁以后，入了中学，渐爱读书。最初爱读的，是《新民丛报》《饮冰室文集》《红楼梦》《水浒》等。这些书虽没有什么稀奇，然使我的中文弄清顺，其功不小。以后大学毕业，在未出洋之前，曾与几个懂国学的人来往，习小学，读古书，玩碑帖，差不多预备做一个"国学家"。后来出洋，才改变了志向。我的英文知识，虽始于中学时代，然至大学毕业之时，并未十分通。后来一入美国大学，并未再学英文课程，就习政治经济各科，与美国学生一样读教科书和参考书。不过第一年中一面读书，一面留意文字。一二年以后，读起英文书来，才不感觉其为外国文字。所以据我个人的经验，中西文字之弄通顺，都是自己读书之功。师友只可以指导赞助，努力全仗自己。

文字弄通，即克服了读书的第一难关。普通读报和小说等，都可读起来。然一涉专门书籍，就遇着第二难关，即是不懂其内容。要克服这个难关，就要依次而进，即先读关于一门科学的教科书，把术语和初浅原理弄懂，再读关于那门科学的一切专书。比方普通经济学教科书没有弄懂，就去读马克思的《资本论》或康门斯的《资本主义之法律的基础》等书，那自然不会懂的。大学本科的功课，即在使学生了解各门科学的初浅内容。欲求深造，全在自己以后加读专书。

还有一种大思想家的书，用了许多"新造"的名词，你即于那书所谈的科目，向有研究，初看起来，还感困难。拿经济学来讲，康门斯的《资本主义之法律的基础》一书，即美国的经济学教授初读一遍，也不能十分了解，若读这类书籍，就要细心多读几遍，方才能弄清作者所用的名词和主张。威卜伦（Veblen）的书也是一样。例如他用的 taxonomic[1]，animistic[2] 等形容词，就不是普通经济学书上所有的。你必多读几遍，才可懂得。

你懂了文字，又懂了内容，你读书，自易感着兴趣。然做到这点，还只做到创造兴趣之一半工夫。例如许多国内大学生和留学生，一离开学校，就不再读书，这并非是他们不懂文字和内容，乃是他们没有读书的习惯。这类人在校的时候，即不爱读书，只求考试勉强及格，领到文凭而已。所以造成读书兴趣的第二要着，是养成读书的习惯。例如对于文字和学科的内容均无困难，每日去读一二小时关于那门学科的书报；久而久之、养成习惯；一日不读那类书报，仿佛和吸惯了香烟的人，吃了饭未吸香烟一样的难过。比方留心时事，每日看报的人，一日不看报，就觉着不舒服了。

读书能了解，又成了习惯，则兴趣自然增加。而且这

---

[1] 威卜伦（今译凡勃伦）用生物学术语分类学（taxonomic）批判古典理论。——编者注
[2] 凡勃伦认为，泛灵论（animistic）是人类早期社会普遍存在的一种社会观念，后来在现代社会中逐渐消失了。——编者注

种兴趣之养成，是"累积的"（Cumulative），即是因有兴趣而读书，因读书而更有兴趣。换句话说，即读书愈多，兴趣更多。

但是读书有兴趣，不必是对于任何读书有兴趣。治科学的人，读经济学的人读，固无兴趣；即治经济学的人，对于某经济学家的某评，不一定具体法。例如我个人对于经济学的教科书，即无疑义；我最感兴趣的，是经济名著。我尝对一位爱写教科书的美国教授说："你为什么爱写教科书？"他笑着答道："只有教科书才可获利，专门著作，是无殊可获的。"我也带笑回答道："这足以证明你们美国的读者的程度太低。"我又最怕死叙事实如年鉴一样的书。我从前研究运输学的时候，读着Johnson（约翰逊），Huebner（许布纳），Wilson（威尔逊）合著的《运输原理》一样就要打瞌睡。我明知这书不是Johnson写的，我曾对他说："这书只和词典年鉴一样，可供参考，而不可读。"他说："这是Huebner缺乏分配力和判断力的缘故。"我读书，是可不睡，不吃饭的人，敢自信是一个爱读书的人，然而不是对于一切的书，都有兴趣。因此，造成读书经验的第三要着，在择你性之所喜的一类书读。

我爱读名著的重要原因，是在名著的"烟斯批里纯"

(inspiration)。名著是大思想家的杰作,最富于思想。用字造句,也非普通书可比。普通书只可增加 information 而不能启发理智。外国的大教授与普通教授的分别,也就在此。大教授说话,是无精神,无条理的。但他杂乱无章的讲,句句有意义,句句足令人深思。普通教授是有精神,有条理的,而他所能供给你的,只是 information 而已,但这也不过是我国人之所好。有些人欢喜 informative 一类书,我个人是就欢喜 inspiring 一类的书。

三 读书与方法

凡读书具有经验的人,也应留意读书的方法。常有甲乙二人同样爱读书,甲的心得多,乙的心得少。这多半由于乙的方法不如甲。这里所谓方法,第一是指书本的选择,即是"目录之学"。关于这点,初学的人,必请教于专家。专家的意见不一定一致,你自己就可斟酌采取。读古书,更宜考究本校或注疏。例如治经学,单靠朱注《四书》、杜注《左传》等,是不够的,最好是从《十三经注疏》下手。治小学,许氏《说文》是必读之书。读外国书,也是一样。例如读亚当·斯密的《原富》,以 Cannan edition 为最好;读约翰·弥勒的《政治经济原理》，以 ashley edition 为最好。

就一门科目讲，你应知关于这门科目的重要节目，应知某几部书足以代表某一派的学说，或某人的某几部书足以代表某人的某种学说，例如欲知古典派的经济学，至少必读斯密氏的《原富》、李嘉图的《政治经济及租税原理》，和弥勒氏的《政治经济原理》三部书。欲知康门斯的《制度经济学》，必读其《资本主义之法律的基础》和《制度经济学》二种。但他同时是劳工问题的专家；你欲知他对于劳工问题的讨论，必读其 *Principles of Labor Legislation*[1] 和其他的著作。这类的例很多，经师友的指导，就事半功倍。

凡治一门科学，专读教科书是无用的。我以为初学者在熟读一二部教科书之后，就可以专门著作。所谓专门著作，是指非作教科书用的关于一门科学或其中一问题之著作。不过这种分别，不能全以书的名称而定，须以书的内容为标准。例如经济学教科书，常称为"经济学原理"，然而马雪耳（Alfred Marshall）的《经济学原理》就是专著了，为什么呢？因为他的书有特殊贡献，是集古典派与奥国派的大成之创作。关于这一层，也须经人指导。

---

[1] 直译《劳工法律原则》。——编者注

怎样读书

我所谓专读教科书之无用，还须说明一下。例如研究货币与银行，凡教科书上所讲，都是初浅原理，大同小异。读了十部，不见得比读了一两部的人，多了若干知识。欲求深造，必读关于讨论货币或银行各种问题的书籍和杂志论文。这种专著，你读一部，得一部的益处，绝不会吃亏。现在的西文教科书，每章之后，列有参考书目，这些书目中，有一部分是教科书，有一部分是专著。

读书的方法，不仅是书本的选择。天下的书太多，即选择应读的书，已经过多。故我所谓方法，第二是指读法。有的书，是句句要读的。如初学所用的教科书和必读之名著是。有的书，可以选读一二章的，如普通参考书是。如初治经济学的人，必无能力和时间把马雪耳的《经济学原理》，整个读下去，可选读几章。俟习高级经济学时，再去整个读之。又普通经济学教科书很多，用不着都读到，前已言之。但有时一本教科书对于某一问题的讨论，特别的好，你只读那章做参考。这种指导，可见之于任何教科书的注解和章末书目上面。你自己也可在一部书的详细目录上看出来。例如你读了一两部经济学教科书，再取一第三部教科书，详阅其详细目录，你若发现一个不大熟悉的题目，就可找到讨论那题目的一章或一节，读一段。

读参考书的又一标准,这在你一时所研究的题目,例如你现在正研究通货膨胀一问题,你可在一切货币银行书簿的目录和 Index 上,去找那讨论通货膨胀的一章或一节或一段去读。书是为人用的。你选读的部分,是以你当研究目的的标准。再比方你无意治生物学,但是你要知道达尔文的进化论的大意,你就只读他的 *Origin of Species*[1] 的前四章就够了。你无意研究马克思主义,你要知道一点马克思的唯物史观,你就只读他的 *A Critique of Political Economy*[2] 第一节序就够了。这类选择的知识,你可请教师友,也可从留意书中的引证得来。

以上所述的方法,也可说是读书的秘诀。读死书的人,大都不知选择;结果,事倍功半。

四　读书与职业

我国的社会,有一个大毛病。即是已离学校从事职业的人,仿佛"读书非己任"了。这样一来,大学生留学生

---

[1]《物种起源》。——编者注
[2]《资本论》全称《资本论:政治经济学批判》(*Capital: A Critique of Political Economy*)。——编者注

大都是借学校为晋身之阶，学校等于科举。不知从事职业，更要研究关于那种职业的读书，以改进自己的服务；并要有关于职业以外性之所好的读书，以当作消遣，扩充见闻，营养学力。例如美国大理院的推事，无日不读书，他们的学问之博，真令人可惊，即是美国的国会议员，例属政客，是不爱读书的。然而他们分配在各种委员会的，日在做读书工作。我国各界的人继续不断的读书的，真是太少。即我们任大学教授的人，努力问学的，也不多见。所以举国遭"知识怕慌""学术恐慌"的现象。

关系本身职业的读书我国人还不爱读，更谈不到关于职业以外的读书。所以我国人的消遣，不外赌博之一途。结果，滥费光阴，消磨志气，使事业失败而后已。

以前，我们认读书是"士"的专业；现在，我们认读书是学生的专业。毕了业，即非学生，即不读书了。这两种观念，是同样错误。我们不要专门阶级的"士"。我们要"士农""士工""士店"，我们不要只认在校的为学生，我们要认人人终身为学生。西文 Student 一词，并非是专指在校的学生，乃是指一切学的人或研究的人。所以我诚恳的希望全国同胞，人人以学生自居，大家努力读书！

个人读书的经验

程瑞霖

我生在一个很闭塞的乡下地方，读书生活是六岁开始的。我从六岁起，受私塾教育，直到十六岁才进中学。我在经、史、子的中间整整的混了十年。就这对联诗赋，也练习过不少的日子。我的先生便是我们父亲，是一个乡下地方颇有声名的秀才。父母教儿子，是要"一锄头便掘一个坑"的，我幼年时所受的教育的严格也就可想而知。

我在十三岁时，考进了本县所立的中学，刚刚住到两个月，父亲来城检查我的功课，认为太松懈了，立刻逼着我把铺盖卷起，一同回去。又过了三年，才让我去住府立的一个中学。刚到这个中学里面，教员和监学，校长，都夸赞我的文章，我很有点骄矜自喜，似是数学根底不行，英文完全没有学过，这两个重担子一齐加到头上来，真是辛酸辣苦四味俱全。幸亏那时很有要强的心，常常在天未大亮的时候，起来燃洋油灯读英文习数学。吃了这一种苦，算学英文总勉强跟得上。住了一年半，参加一个极无聊的风潮，被学校开除了，便转到省里的一个中学来。在这个事变当中，受了父亲的严斥婉训，我下决心好好地读书了。在转学后的一年中，成绩确是不坏，英文和数学竟一步一步地抢到所有同班的同学的前面了。我的中文，在未进中学前，虽然可以写，但还觉很有点费力，有时且不中父亲的意，等到进了省里的中学以后，眼界渐广，忽然间"心如灵犀一点通"，可以放笔为文，头头是道。直到这个时候，父亲才不再从信里寄题目来，限我多少天内作好文章寄回去。

可是从这个时候起，我渐渐不佩服线装书了；我反对线装书了。每到假期回去，常常和父亲辩难五经四书的价值，古圣古贤的价值，父亲说不过，便带着笑意地说一声："狡辩。我不同你说。"我反对线装书，尤反对诗词歌赋，我把我以前的旧稿都烧掉了，立志不再弄这种"无逻辑""无补国计民生"的劳什子。我真想不到时代进展到现在，还有些留学生之类的先生们，平仄声远未弄清楚，作绝工架还不大明了，居然抄些前人诗句，夹些自制的半通不通的句子，以抒其怀古的幽情，伤今的绮感，以求附托风雅，倾倒众生！话虽如此，但是我自己深深感觉惭愧，因为我虽然丢掉线装书，丢掉诗词歌赋，我还是毫无成就。

到了中学四年级的时候，忽然"不安于校"，当了什么

个人读书的经验

学生会的代表，常常出去开会，对功课渐渐模糊了，到了考试的时候，便在晚间偷着点蜡烛，拿出"强记"的本领，来应付第三天的考试。校监某先生平素很器重我，知道我因为当代表而疏忽了功课，曾有两次劝我还是安心读书，不要用强记的聪明来应付考试，我却暗景的嗤之以鼻。

进到大学以后，在头二年确实用了一点功，后来便又松懈了。到了要毕业的一年（民国十四——十五年），就加入了国民党，同时又参加学生会的活动。在这时，我的思想变得很厉害，根本看不起大学毕业文凭。出校以后，绝不过问发文凭的消息，我的文凭还是一个朋友代领，在毕业的第二年秋天寄给我的。

在社会上胡乱混了两年，觉着学识不够，得着一个机会，便跑到英国去念书。这时真想读书，可是中了贪多的毒。我研究经济学，我打算把经济学的各部门都吞下去。自以为很读了几本书，可是一回到中国，遇着爱重"专家"的先生们，问我专的是什么，我简直瞠目无以对。

以上是我读书的简单经历，从这种经历上面，我认为：

（一）读书不能照古法——焚膏继晷的方法，虽然是最严格的、确实的，却很容易使学者灵机闭塞。我虽然不能说我幼年所受的严格教育为无用，但我终以为是危险的。

我相信：一个蠢才在那种教育方法之下，只有被弄得更蠢。

（二）读书不能躐等——我进中学时，在算学英文上面吃了很多的亏，便是由于躐等。

（三）读书不能务外——读书不忘救国，救国不忘读书，这都是似是而非之词。青年人最容易接受这种理论。青年人应该认清楚自己做人的时代程序。读书的时代在前，救国的时代在后。先尽了读书的责任，才能尽救国的责任。救国是如何巨大繁复、幽深曲折的事业，岂是读书未成的学生所能尝试的。在求学时而欲务外，无疑的是误了国又误了自己。

（四）读书不能尚强记——强记等于急水过田一样，来得快，去得也快，绝对不能发生深厚的影响，所以凡是强记以应考试的，一到考试完了，其所学的也完了。而且这一种办法，使得脑筋一时运用过度，失了弛张的正轨，是极有害于脑力的。

（五）读书不可贪多——古人曾说过"务广而荒"，这就是说贪多的毛病。研究的范围大而都能融会贯通，这自然是再好不过的。可是平常的人（不是有特殊天才和体力的人）体力和聪明都有限，还是缩小研究的范围好一些。

（《文化建设》）

怎样研究英语

林语堂

（十二月十五日在光华大学英文文学会演讲）
一、玩味　二、默诵　三、文法　四、浏览现代文

诸位是英文文学研究会会员，料想是比较爱好英文，须知爱好英文就是不爱国。但是爱国不爱国且勿论，凡人能爱好一种学问，已经是孺子可教，比任何科目都不好已高一等。而且嗜好是不可勉强的。圣人教人循循善诱，便是投其所好。国文固然也应该注重，但是一人英文会念好，国文自然也会念好。读书的说理差不多，能精能勤能好，都必能成功。

尤其是国文、英文，同是文字、文学的研究，所用方法相近，学者气质亦比较相同。所谓文，就是文彩文理。研究英文国文的人，必先对于文彩文理有相当趣味。在两种句子，能辨别哪一句好，在两个形容词，能分辨哪一字

妥当，有人英文好，国文不好，不是脑部有专主念英文及专主念国文的两系，只是英文念得多，国文念得少而已。真有文学天才的人，英文国文必定都好，你们同学中必有这样的人。

一、玩味　所谓文学天才，第一根本要着就是对于文字之意义能特别精审的体会。所以第一样便是玩味字意。看见佳句妙语，自己会喜欢，会吸收，英文国文都是这样。譬如表示"美"的字，中文有秀丽，佳丽，壮丽，华丽，富丽等不同意思，读时能留心，将各字之个性详细辨别出来，作文时自然不会用错。例如西湖景致只能说是秀丽，绝不能称为壮丽。英文中亦有 pretty, handsome, beautiful 之区别。若有学生，遇着 pretty，听说解为"美"便认为满足，不再玩味其神气，后来看见 handsome, beautiful，听说亦解为美，不求甚解，这样英文必读不好。有人说日本山景物只有清幽（pretty）却没有壮丽（beautiful），日本美术用品亦只有细巧玲珑，没有雄奇瑰伟，这只有知味的人能够辨别体会出来。下定义解释其不同，很难，只在阅读时随时留心观察而已。字之用法是很特别的。无理可讲。譬如"无理可讲"，若易以"无理可说"犹可，"无理可谈"便不通。"不可以理喻"意思便稍为不同，指人之呆笨顽固。为什么可以说"谈天",而不能说"讲天",可以说"应声道",不可以说"应声讲"。下定义很难,但时时注意吸收,自会明白。同样地,英文 talk,say,speak 之分别亦相同。可以说 talk French,talk nonsense,talk philosophy,talk business,但不能说 talk a story,可以说 he was speaking to me,而不能说 he was saying to me saying,之后总必加一 object,saying something。但演戏的人念剧文,叫做 speaking his liues,而不说 talk his lines。由此可见必须阅读时细心玩味吸收,才有办法。

二、默诵 凡认字有两种,主动的与被动的。被动只要明白意思,主动要能使用。比方平常一句文句,虽然已经懂了,却未必能出之于口。读书时,须常常试将一句说出,看说得出口,不再与书上对勘一下,如此容易进步。只要心中默诵,不必朗声高唱。比方一句话"我要出去看看人来齐了没有",试讲一下,便可以了悟,此句必用 see if 两字 I want to see if the people are all here。此句字极平常,讲得顺口不误,却另须一番工夫。默诵,不必诵全篇,亦不必选妙文。随便通顺的文中的一句,都可以拿来练习。

三、文法 文法是教员所最高兴教的,因为可以耍他的伎俩,其意味,如同教数学,问题愈难,愈可显出本领来。而且很便于考试。只因教员有此种心理，所以学生视文法为畏途，遂有人主张只要多多浏览，文法可以不念。这也是错误。

我以为文法应该念的，只是现在文法书之一小部而已。此种文法书中很多是关于文法名词之解释，及名词之分类，除去作文字的哲学的系统的研究，是毫无用处的。譬如 A 名为 indefinite article，the 名为 definite article，实际上并没有增加你的知识，及帮助你对于此二字之用法。所以文法书上有此名词，是因为在通常文法上八个词类，这二字都不容易归进去，似乎是形容词，又不是形容词，所以另起名称为 article。这能使你学问有什么进步？其实 a，the 叫做 article，为什么 some，any 不可叫做 article，因为 some boy，the boy 用法是相等的。精细讲，这分别是没有意义的。事实上亦有将 article 归入形容词中的，将此名词取消并无不可。这 definite article，indefinite article 名词之唯一用处，是作文法规则时，可以说得好听，不必说明 a，the 二字而已。而念好这两名词的学生，并不见得能用这两字。幼时念商务一本"文法初步"（书名忘记）共约五六十页内分三大部分叫做 orthography，morphology，syntax。其实不懂这三个字，一人仍旧可以把英文念得好，仍旧会长大起来。而且 syntax 一字之意义，在语言学上越讲越糊涂，我就不大清楚。这些文法书都是学究编出来的，招人的恨是应该的。

但是文法是应该念的。名词界说这一类的文法，随便念一小册便够，不必多费精神。《开明英文第三读本》"英文概要"总共只有八九页，可以一生享用无穷。倒是另一种文法非念不可。真正的文法只是一种系统的研究，字形字句之变换及其用法。主张不读文法的人不对，因为凡一字变易，必有一种意思，系统的将同类的用法归纳起来研究，比随便的阅读，易得明了。譬如 present and past participles 之分别用法，不读文法亦可大略清楚 boiling water 与 boiled water 之不同，大略看得出来，但若同时举许多同样的例，drowning man，drowned man，a hiding treasure，a hidden treasure 归纳研究，岂不是更好，有什么可反对？要在文法范围放大而已。如两性之别，可以做一课很有趣味的研究。向来文法只列什么 ox—cow，lion—lions，tiger—tigers，而男学生，女学生，女记者，女教员，女博士就没说清楚，所以单念罕用之 marguis—maachioness 等，很没意思。假定外人学中文，有人能指导公母，雌雄，牝牡，男女之用法，亦必有意思。

再文法不可于一本书上求之。最好的文法也不过开导开导，教你应观察注意之点而已。最好的文法书，也不能将英文用法包括无遗。因为文法须要在读物中随时随地观察，靠几条通则，是无用的。比方婴孩之男女，不曰 boy baby, girl baby 而曰 baby boy, baby girl, 文法上未必有闲一一举出，各人随时要注意。又如假定式之 be, 是 if it were, if it be, 但是事实不是如此简单。我们说 it looks as if it is going to rain, 而不用 as if it were, 绝不能呆板填上算完事。又比方主动与被动之分别清楚了，而 remain "存留" 一字应说主动被动，却只能靠各人阅读时用心观察。有人说 so much money is remained 便不对，同时 so much money is left 是对的。又如书的销售，照理书是被卖，但假定你说 the book is sold well（书销路好）便错了，要说 the book sells well。这只有实地观察一法可以学来。花味香在英文是"花闻香"，其实是人闻花，并非花闻人，而英文明明说 flower smells fine, 不说 flower is smelled, 窗户"看出去"是草地，可以说 window looks out on a meadow, 虽然窗户并不能"看"。这些例都是证明随时审察之重要，文法不可在文法书上求之。所以读书要"精"，是这个缘故。

四、浏览现代文　最普通的疑问，就是应该看什么书？这问题我觉得没有意思。凡是看得来的书，都可以看。看得来看不来，只有你自己知道，没人能替你定。只要处处浏览，有白纸印上黑字的都要看，看得多就会好；不必什么文学名著，你都可拿来做文范。英文日报乱看，就会得很多益处，连什么连环滑稽画，按摩广告，招租广告，寻子广告，电影广告，都可以增进你的学问。

再有一层，就是文学名著多半是古人所著，格调内容都与今人不合。比方洋人要学中文，只要《申报》《新闻报》乱看，"自由谈"也好，"春秋"也好，"业余电影"……专刊也好，赁屋、招租、寻子广告也好，必定比念韩愈、柳宗元容易进步。不然，韩愈、柳宗元念好，一张赁屋广告就写不出。中国学生必定要念欧文的什么《见闻录》，虽然是极好的描写文字，无奈于你极无用处。中国学生大概难得会去写外国小说。又如课堂上念十七，十八，甚至十九世纪英文我最反对，除非是英文已念好，要念文学史。因为这种古文，无论题材，背景，文字，说法，腔调，皆与现代英文不同。读之无味，勉强学来一两字句，反难用得切当。譬如外人念好韩愈的文，要写一段平常记事文，用起"人其人焚其庐"，岂不好笑？Macaulay 的 Essay on Lord Clive，于你有什么趣味？Burke 的关于法国革命，号为有名演讲，但时移境迁，等于明日黄花，法国革命早已成功，英国人赞助反对，都与你无关。

况且西洋现代文技巧亦常在十九世纪维多利亚时代论文之上。

外国杂志之小说论文，都是很好的文章。就在文章的技术上，也应学现代文，不应学维多利亚文。

怎样学习日语

黄鉴村

日语读书会给我的题目是"怎样学习日语",就是要我来和日语的初学者,讲些怎样学习日语的方法。如能多说些易于学习日语的秘诀更妙,可是抱歉得很,我虽曾在好几个地方,担任过好几年的日文教员,对于这个问题,自信还不能愉快地胜任。不过,凡学习一种语言,不拘何国,只要读者能自觉其国和我们的利害关系怎样,即学习时的心情,必然自有一些不同的地方。譬如,日本虽同为侵略中国的列强之一,然其为此中的急先锋,即又不容我们的否认,故日本的政治的,外交的,军事的,商业的,经济的,在在都足以影响我们的民族存亡,所以我们如不愿立足于世界则已,否则,唯有先和日本拼个你死我活。今我们既有此决心,即除早使中国政治急上轨道外,首当研究日本,而收知己知彼,百战百胜之效。俗云:"欲善其事,必先利其器。"故研究日文实为目前的急务。如果明白了此点,就是说,我们早已有了特别怀抱,所以学习日文虽难亦易。现在我们欲进而研究日文日语，当先知道日本向来并没有固有的学术，有之，其旧时代的学术，大都取诸我们，而新时代的学术，则取自欧美。就是日本的文字也是不外乎此，其旧有的文字，几无不脱胎于汉字，而其现代文字则多来自欧美语源。日本的善于模仿的特性，乃世所熟知，但我们必须知其怎样模仿，因日本的模仿，非可和仅学皮毛，不学实际者同日而语，日本之模仿，实多取人之长，而弃其短，或则多选集人之精华，加以融会而贯通之，然后另造成一种日本式的产物。日本人此种模仿的特性，实很可作我们的借镜。日本自明治维新以来，虽仅在此短短的六十年间，终能一跃而为列强之一，其最大的原因，实基于此种特长的模仿技能。譬如，仅就日本文来说，其字母，如片假名（正体字母）则取汉字之偏旁，而平假名（草体字母），而取自汉字之草书。此外非特发音大都取自汉音，即文体也都效法汉字。而日本人则利用其特长的模仿性，竟另造成一种日本字母、日本读音、和日本文法，表面上和汉文大不相同。所以初学者，常会感觉这种困难，不在西欧各国文字之下，而行文中所杂有的汉字，其用法和意义又不尽同。例如"怪我"二字，外表上虽为汉字，而日文和汉文意义的相差，实有天渊之别；盖"怪我"

二字，就汉字的意义上说，如没有上下文的连接，只好以"怪自己"来解释它，而日文则系"受伤"的意思，从来国人之学习日文者，大都以为在短期里就可速成，其实此种观念，殊属谬误。

我们既已明了日文日语的大略情形如上，今更进而研究怎样研习，较易于进步，方法虽多，然实不外老生常谈的多听，多讲；多读，多写，多疑而已。国人之学习日文者，往往以能阅书为目的，而大都将发音一道，摒弃不顾，此种办法实是一种偏见，因各国近代以来，文，语日趋合一，而日本自然不能例外，且日本近年来出版书籍，以文言写成者固多，而用口语写成者亦属不少，口语和发音关系的密切，固不待言，而文语和发音的关系，实亦不容忽视，因为学者，对于发音如能正确，则不拘文言口语，都能帮助记忆。且无论何国语言，都有可以意会，而不可以笔墨形容的地方，如遇这种处所，则仅靠阅览，往往实有不能达意的缺憾，此时即非依靠声音之帮助不可，而要声音能应此要求，则须于学习时特别注意发音的正确。且此外须要发音正确的地方尚多，如推敲某句的是否确切，专靠讲求句的构造还是不够，如能反复口诵，便更易于领会出来。然要发音的能够正确，莫如多听；欲其纯熟，莫如多讲。所以多听，多讲实为练习发音的最妙方法。多听非特能多练习发音，且能使脑筋敏捷，脑筋敏捷，即凡和一种语言接触，就能马上会意。因为学习一种外国语言，如不能于听到时，立刻不假思索地即能领悟，则较为下乘，故学习外国语时，如不多听，则每和这种语言接触，必须先于脑筋中，经过一次翻译工作，而后始克会意，会意而后，始能反应，似此则非特时间之不经济，且脑筋稍不灵敏，即有所答非所问，所听都不能会意的毛病发生，所以学习外国语言时，多听实至有益，而学习日本语言，自然也不能例外的。

至于多讲亦属必要，因为多讲，非唯可以练习发音正确，纯熟，且能使口舌灵敏活动。每遇和此种语言接触时，不致局促不安，而能应付裕如。国人之学习日文者，据作者个人的经验，约有半数以上的学者，往往于发音一道不能正确，考其原因，虽有些因个人的发音机关的不同，以致如此，然究其实际，大都缺乏口的练习使然，如能矫正此弊，每遇一字一句，多开口，多讲话的多次练习，发音自然就会好起来。又教师于学者每次学习时，能予以个别的发音练习，则学者的得益，自非浅显，唯因有时人数过多，每易使教师陷于困难。教师如欲使学生作个别的练习，则需时过多，不易办到，否则，发音又多不准确，于是为学者计，每班人数，最多当以二十人左右，最为有益。除此之外，学者对于教师的选择亦属重要，如不慎重，即往往有跟着教师，陷入同一错误的危险。

上面所说的，乃将于发音而言，然学习日本语文时，发音的正确，固属重要之一，但只靠发音一项还是不够，而对于多读，多写亦至为紧要，如我们自少就学习国文，由小学，而中学，而大学，除少数时间外，简直没有一日，不和国文接触，始克臻此；现在学习日文，自然没有那样的长久时间，可供我们学习，而我们自然更不愿意费那样长久的时日去学习日文，可是要学会日文的心，却是再切不过的。所以我以为除了多读之外，确没有比较良好的方法，因为将某句或某篇文章，反复诵读之后，无形中自然会渐渐晓得它的构造和用法的。例如"此レハ筆デス"一句，如仅仅知道它意思，而不熟读它，譬如再遇到另外和此相仿的句子，像"此レハ硯デス"则势必非重新从头研究此句的意义和构造不可，如早将前者熟读，即遇后者时，立刻能够知道它的构造和前者相同，故在此句中，如能知道"硯"一字之意义，则全句的意义毫不费解，是则熟读文章，确可收举一反三之效，学者间或以为熟读文章需费

怎样读书

时间较多，然其效益，恒较其所费时间多着呢！国人之学习日文者，大都急急于学习文法，有似文法一懂，则日文可不学而能，其实此亦一种误解，因文法虽能完全了解，若无熟读的文章以为基础，即对于日文，还是依然如故，不能如我所欲。盖此和我国的文字相似，如仅学文法，而不需熟读文章，就可以通达的话，我们自小学就可以专教文法，岂不省去如许时间，何须斤斤于督促学生多读文章，由是可知学习日文，也是如此，焉能例外。且文法只能使已有相当基础者，更易明白了解而已，实不能令毫无基础者，立致晓畅，故初学者，务须多多诵读文章为上，切勿急急于专习文法。

至若多写，亦为学习日语者，不可缺少的重要条件之一，因为学习日文，仅靠发音的正确，多量文章的诵读，实还不够，如无写作练习，实不能进入完全了解的境域，且多练习写作，非特可使日文易于通顺，又帮助明白了解。如果对于某字某句，没有彻底明白，则造句势必不能，故学习日文时，多练习写作，其功效和学习国文者的对于作文的练习完全相同。但是我们所以需多练习的主要原因，并非欲使学者立能著作，乃在于使学者注意于彻底的了解。

此外学习日文者，尚须多疑，因初学者每遇一字，不但发音不可轻轻地放过,就是字义也绝不可含糊了事。发音不准的害处,上面曾经说过,故在此处不再多赘,至于字义如果含糊放过,即于写作上,自不能进至完善。就是说,如果将字义胡乱以不了了之,即用法自然不会明了,因而每遇一文章,自然无法完全了解。故初学者,对于任何小处,如自认为不甚明白,切勿轻轻放过,如此即学者每遇一字一句,均非多多怀疑,以便问明不可,所以多疑亦系学习日文者,未可稍缺的重要条件之一。

以上所述,虽卑之无甚高论,然初学者,如能虚心接纳,按部就班,则对于学习日语之方法,虽不中亦不远矣。